DRESSLER

Astrid Göpfrich

Die Stallmädchen Bande

Ein affenstarkes Pony

Illustrationen
von Barbara Korthues

Dressler Verlag · Hamburg

Originalausgabe
1. Auflage
© 2016 Dressler Verlag GmbH
Poppenbütteler Chaussee 53, 22397 Hamburg
Alle Rechte vorbehalten
Dieses Werk wurde vermittelt durch Agentur Brauer.
Titelbild und Innenillustrationen: Barbara Korthues
Umschlag- und Reihengestaltung: Farnschläder & Mahlstedt, Hamburg
Satz: Sabine Conrad, Bad Nauheim
Druck und Bindung: GGP Media GmbH,
Karl-Marx-Str. 24, 07381 Pößneck
Printed 2016
ISBN 978-3-7915-0015-7
www.dressler-verlag.de

Inhalt

Niemand gibt gern zu, dass er neidisch ist. Neid ist nämlich eine ziemlich unbeliebte Eigenschaft. Noch unbeliebter als Angeberei, Petzen und Immer-recht-haben-Wollen zusammen.

Neid lässt dich ganz verschrumpelt aussehen. Ungefähr so, als ob du gerade in eine sehr saure Zitrone gebissen hättest. Und zusätzlich fühlst du dich auch noch blöd, WEIL du neidisch bist.

Nein, den verflixten Neid mag wirklich niemand.

Das glaubst du nicht? Gut, dann machen wir mal eine Umfrage. Geh zu fünf Leuten und frag sie, ob sie schon mal so richtig grün vor Neid waren. Ehrliche Antwort erwünscht!

Mindestens einer wird behaupten, dass er »noch nieee« neidisch war und anderen »aaalles gönnen« würde. Stimmt's?

Dabei gibt es ganz unterschiedliche Arten von Neid: Am häufigsten ist der *Das-will-ich-auch-haben-Neid*. Er steigt immer dann in uns hoch, wenn jemand etwas Tolles besitzt, was wir auch gern haben würden. Zum Beispiel ein singendes Dinosaurier-Skelett, eine Dose Badeschleim oder eine Zuckerwattemaschine. Meist ist dieser Neid harmlos. Man kauft sich selbst so etwas Tolles und merkt dann vielleicht sogar, dass man es gar nicht gebraucht hätte. Bis zum nächsten Neidanfall!

Deine Freundin hat eine Eins bekommen, du nur eine Drei, obwohl du eigentlich in Mathe viiiel besser bist? Oder sie springt beim Weitsprung trotz ihrer kurzen Beine einen ganzen Meter weiter als du. Und du findest das nicht richtig super?

Ganz klar: Du leidest unter *Warum-nicht-ich-Neid*. Er kommt ebenfalls sehr häufig vor und führt dazu, dass man alberne Verrenkungen macht, um genauso gut zu sein. Meist erfolglos.

Und dann gibt es noch den *Freundschafts-Neid*. Der geht so: Eine Freundin oder ein Freund versteht sich plötzlich mit jemand anderem viel besser. Oder andere haben hundert beste Freunde und du nur dreieinhalb? Ein wirklich blöder Neid! Denn Freundschaft kann man sich nun mal nicht kaufen. Und wenn man dann alberne Verrenkungen macht, um gemocht zu werden, finden die anderen einen womöglich auch noch peinlich. Echt blöd!

Aber eins haben alle Arten von Neid gemeinsam: Sie sind alle ein *Zu-wenig-beachtet-werden-Neid*. Statt neidisch zu werden, könnte man genauso gut in einem bescheuerten Vogelkostüm durch die Stadt laufen und rufen:

Hallo, hier bin ich! Alle hersehen! Aber die meisten entscheiden sich dann doch lieber für den Neid.

Bei Fritzi und ihren Stallfreundinnen Stella und Miyuki war wegen Neid sogar die Freundschaft in Gefahr. Auch das Showpony Mörtel wäre fast vor Neid geplatzt. Und das alles wegen einem Äffchen aus dem Dschungel.

Aber zum Glück wurde meist etwas Gutes daraus. Na ja, nicht ganz. Denn einmal, da passierte etwas ganz Unglaubliches …

Showpony Mörtel

»Isch gehe da nischt raus! Auf keinön Fall!« Mörtel starrte an die Wand des Stalls und drehte Fritzi das Hinterteil zu. Er trug eine glänzende, türkisfarbene Decke mit gelben Sternen und Bommeln auf dem Rücken und in seine Mähne waren dazu passende Bänder geflochten.

»Sie habön fettös Pony gerufön. Ünverschämtheit!«

Fritzi sah nach draußen auf den Reitplatz des Holzapfelhofs, wo eine Menge Kinder auf Mörtels Auftritt warteten und langsam ungeduldig wurden. Mörtel war nämlich ein Showpony, das seit einigen Monaten auf dem Hof lebte, wo Fritzi sich um die Pferde kümmerte. Doch seit einer halben Stunde stand dieses Showpony beleidigt in seiner Box und weigerte sich, den Stall zu verlassen.

Fritzi seufzte. »Nein, da hast du dich verhört. Sie haben ›Komm raus, **nettes** Pony‹ gerufen, wirklich!«

»Das sagst du jetzt nur, um misch weischzukochön!«, sagte Mörtel mit seinem französischen Akzent und schnaubte empört.

»Nein, das sage ich, weil es stimmt. Zum hundertsiebenundzwanzigsten Mal, übrigens.«

»Hundertsechsundzwanzig Mal. Zuerst hast du behauptöt, sie hättön ›keckös Pony‹ gerufön. Aber das habe isch schon gar nischt geglaubt.«

Fritzi stöhnte genervt auf.

Manchmal half nur noch Bestechung. Sie beugte sich zu Mörtel hinab. »Du bekommst heute zwei Portionen Leckerli und drei Karotten extra.«

Mörtel schielte zu Fritzi herüber und versuchte, sich nicht anmerken zu lassen, wie gut ihr Angebot war. »Drei Portionön Leckerli, vier Karottön und eine Bürstenmassage nach der Show!«

Fritzi raufte sich die Haare. »Na gut! Einverstanden. Aber dann kommst du jetzt sofort mit!«

Blitzschnell drehte Mörtel sich um und trabte aus der Box in Richtung Ausgang, als ob nie etwas gewesen wäre. Fritzi hatte den Verdacht, dass er sich nur so aufgeführt hatte, um möglichst viele Leckerlis abzustauben.

»Seit Mörtel so berühmt ist, benimmt er sich manchmal wirklich unmöglich«, seufzte sie.

Nun stolzierte er auf den Reitplatz wie ein edles Rennpferd und ließ sich gnädig vom Publikum feiern. Fritzi zog sich schnell ihren langen, roten Mantel mit den goldenen Knöpfen über, setzte einen schwarzen Zylinder auf und hastete hinterher. Sie sah nun aus wie eine Zirkus-Dompteurin.

Dann führten Fritzi und Mörtel endlich die Kunststücke vor, die sie zusammen eingeübt hatten. Mörtel konnte auf den Hinterbeinen stehen und mit den Zähnen Fritzis Hut klauen, sich aus dem Stand fallen lassen und totes Pony spielen. Außerdem konnte er sich auf den Hintern setzen und dabei so tun, als würde er Zeitung lesen. Die Kinder am Zaun klatschten nach jedem Kunststück wie verrückt, sodass ihre Hände ganz rot davon wurden.

Miyuki und Stella, Fritzis beste Freundinnen, kamen ebenfalls an den Zaun und beobachteten die Show. Fritzi winkte ihnen erfreut zu.

»Und jetzt«, rief sie, »seht ihr gleich die fabelhafte und einzigartige Pirouette! Ein Höhepunkt, wenn nicht DER Höhepunkt des Programms!« Sie musste sich das Grinsen verkneifen, denn »die Pirouette« sorgte immer für wahre Lachanfälle im Publikum.

Mörtel war nämlich wirklich nicht gerade eine Ballerina, sondern ein Zwergpony mit sehr kurzen Beinen und einem dicken Bauch, der fast über den Boden schleifte. Mörtel selbst glaubte aber, das eleganteste Tanz-Pony der Welt zu sein, wenn nicht gar des ganzen Universums.

Er stellte sich auf die Hinterhufe (die sogleich gefährlich zu wackeln anfingen) und winkelte ein Bein zu einem Dreieck an.

»Piruett oh deor!«, rief Fritzi. Das ist Französisch und wird eigentlich so geschrieben: *Pirouette en dehors*. Aber so ist das mit Französisch: Es wird komischerweise immer ganz anders geschrieben, als man denkt.

»Das heißt: *Drehung nach außen*«, erklärte Fritzi den Zuschauern und sah zu ihren Freundinnen. Miyuki, die selbst eine gute Ballett-Tänzerin war, nickte.

Doch das bekamen die Kinder gar nicht mit, da sie wie gebannt auf das Pony starrten. Sie wollten sich auf keinen Fall entgehen lassen, wie Mörtel nun die Pirouette einleitete. Er ruderte mit den kurzen Vorderbeinen in der Luft herum und versuchte, Schwung zu holen. Dabei schwankte er bereits wie ein Schiff bei schwerem Sturm.

Die ersten Kinder fingen an zu kichern, was bei Mörtel böse Blicke hervorrief. Er hatte keine Ahnung, dass er in der ganzen Stadt als »Pony-Clown« bekannt war. Die

Kinder waren daher keineswegs eingeschüchtert, sondern lachten nur noch mehr.

Nun holte Mörtel Schwung und setzte zu seiner Drehung an. Ein Mädchen mit einem viel zu großen, blauen Mantel und ein schwarzhaariger Junge sahen sich gespannt an. Sie waren schon einmal bei der Vorführung gewesen und wussten, was gleich passieren würde. Das Mädchen unterdrückte ein Prusten und guckte schnell wieder zu dem tanzenden Pony zurück.

Mörtel gelang gerade noch eine halbe Pirouette. Dann kam er ins Trudeln, verlor das Gleichgewicht und klatschte Vollkaracho auf den verschneiten Boden der Reitbahn. Die Kinder schrien und brüllten vor Lachen und applaudierten begeistert. Sie dachten, das Umfallen wäre Absicht. Eine lustige Clownsnummer des lustigen Clownponys. Mörtel lag jedoch stinksauer auf dem Boden und paddelte wie ein Käfer in der Luft herum, um wieder auf die Beine zu kommen. Der Schnee flog in alle Richtungen.

»Ohoh!«, rief Fritzi mit gespieltem Ernst. »Ich glaube, unsere Primaballerina braucht ganz dringend Hilfe!«

Mörtel warf ihr einen Blick zu, der einen sprudelnden Geysir in Eis verwandelt hätte. Und Geysire sind kochend heiße Quellen!

Fritzi wusste aber, dass Mörtel es immer schnell wieder

vergaß, wenn er böse gewesen war. Lachend winkte sie Stella und Miyuki zu sich. Die beiden seufzten, kletterten über den Zaun und gingen zu Fritzi und Mörtel.

»Nun abör tuttswitt! Isch erfriere!«, knurrte dieser, da es ihm nie schnell genug gehen konnte. »Tuttswitt« heißt so viel wie: sofort. Und zwar sofort-sofort, und nicht etwa später-sofort!

Mörtel war nämlich tatsächlich ein sprechendes Pony. Allerdings sprach er wie Franzosen, wenn sie deutsch reden, es aber noch nicht richtig können. Das hatte Mörtel eine französische Schlangenfrau aus dem Zirkus beigebracht, in dem er früher aufgetreten war. Dann war er jedoch aus dem Zirkus abgehauen, weil seine Besitzer ihn »schrecklisch« behandelt hatten, und war auf den Holzapfelhof geflüchtet. Und seit er den Stall vor einem großen Feuer gerettet hatte, durfte er dort bleiben. Verstehen konnte ihn aber nur Fritzi, weil sie eine ganz besondere Beziehung zu dem Pony hatte. So hatte Mörtel ihr das zumindest erklärt.

Nun packten alle drei Mädchen das Pony um seinen dicken Bauch herum. »Eins, zwei uuund … drei!«, rief Fritzi. Sie zerrten und zogen und ächzten und stöhnten … und hievten Mörtel in den Stand zurück. Die Kinder klatschten begeistert und Mörtel verbeugte sich großspurig.

»Sie bewundörn natürlisch meine Elöganz«, gab Mörtel an und verbeugte sich noch einmal so tief, dass er beinahe schon wieder das Gleichgewicht verloren hätte.

»Sicher!« Fritzi lachte und stützte ihn unauffällig mit ihrem Bein.

Dann zeigte sie auf Stella und Miyuki: »Ein Applaus für die weltbesten Pony-Heberinnen!«

Stella und Miyuki verbeugten sich ebenfalls, bevor sie unter dem Applaus des Publikums zum Zaun zurückgingen und wieder auf die andere Seite kletterten.

Auf der Reitbahn begann Fritzi nun, das Ende und damit das Finale der Pony-Show einzuleiten: die Rechenaufgabe. Sie sammelte Zahlen aus dem Publikum, die Mörtel zusammenzählen oder abziehen musste.

»Fünf«, rief ein Mädchen mit einer gelben Bommelmütze.

»Plus siebzehn!«, verlangte der schwarzhaarige Junge.

Fritzi tippte die Zahlen in einen großen Taschenrechner. Nun brüllten alle Kinder durcheinander.

»Minus drei.«

»Plus fünfundzwanzig.«

»Minus dreizehn.«

»Plus zwölf.«

Fritzi stoppte die Rufe mit einer Handbewegung und sah zu Mörtel. Dieser blickte selbstgefällig ins Publikum und grinste.

»Nun wird Mörtel euch das Ergebnis verraten!«, rief Fritzi.

Alle sahen wie gebannt zu dem schwarz-weißen Pony und warteten. Nichts passierte.

»Mörtel wird euch nun das Ergebnis verraten!«, versuchte Fritzi es noch einmal.

Doch Mörtel stand nur völlig bewegungslos da und glotzte Gucklöcher in die Luft.

Die Kinder aus dem Publikum waren mucksmäuschenstill und starrten Mörtel erschrocken an. Konnte das Pony vielleicht gar nicht rechnen? War alles nur ein Trick? Eine dreiste Lüge?

Fritzi beugte sich besorgt zu Mörtel hinunter und flüsterte ihm etwas ins Ohr. Dann hielt sie ihr Ohr an sein Maul und hörte sich an, was er zu sagen hatte. Sie guckte verwundert, fragte noch einmal nach, richtete sich auf und verkündete: »Mörtel sagt, dass ihm das viel zu einfach ist. Bitte noch eine Zahl!«

Die Kinder blickten sich erstaunt an. Das Pony konnte rechnen UND sprechen? Warum hörte man dann nichts, wenn er die Lippen bewegte?

Das kleine Mädchen mit dem viel zu großen, blauen Mantel trat nach vorn und rief: »Mal dreizehn!«

Ein Raunen ging durch das Publikum. Mal dreizehn! Das war bestimmt viel zu schwierig für das Pony. Von Malnehmen war nie die Rede gewesen!

»Mal dreizehn«, wiederholte Fritzi. Sie war sich nicht sicher, ob Mörtel tatsächlich malnehmen konnte, tippte die Zahl aber tapfer in ihren Taschenrechner.

Mörtel kostete die gespannte Stille schamlos aus: Er rollte mit den Augen, blies die Backen auf und drehte sich dreimal um die eigene Achse. Aus seinen Nüstern stiegen kleine Wölkchen in die Winterluft. Schließlich hob er den Huf und schrieb eine große Fünf in den Belag der Reitbahn, danach noch eine Fünf. Dann tat er so, als ob er überlegen müsste, guckte noch einmal besonders hochnäsig ins Publikum und schrieb eine Neun.

Fritzi sah auf die Zahl, dann auf ihren Taschenrechner und lachte. »559!«, rief sie. »Kommt her und schaut, ob es richtig ist!«

Die Kinder öffneten das Gatter und strömten auf die Reitbahn. Sie sahen auf die Zahl, die Mörtel in den Boden geschrieben hatte. Tatsächlich: 559!

Die Kinder jubelten. Sie scharten sich um Mörtel, um ihn zu loben und zu streicheln, was dieser sich nur zu gern gefallen ließ.

Miese
Stimmung

Freunde glauben, dass sie unzertrenn-
lich sind. Für immer! Und dann passiert etwas Blödes, vielleicht nur eine
Kleinigkeit, und langsam kriecht eine
miese Stimmung in die Freundschaft
hinein. Wie ein Dieb, der nachts durch
die Straßen schleicht und durch eine unverschlossene Tür
ins Haus schlüpft.

Schwups sitzt er drin in der Freundschaft und auf einmal ist alles ganz anders.

Stella und Miyuki standen am Zaun und sahen zu, wie
Mörtel und Fritzi bewundert wurden. Sie fühlten sich
sofort ausgeschlossen.

»Pony-Heberinnen!«, schnaubte Stella und kickte einen
Stein an die Stallwand.

Miyuki sah sie erschrocken an und versuchte, Stella zu beruhigen. »Das war sicher nur nett gemeint.«

»Nett gemeint ist nicht nett gemacht!«

Stella sagte immer, was sie dachte, und konnte sehr trotzig sein. Das hatte ihr schon eine Menge Ärger eingebracht. Einmal hatte sie auf dem Schulhof einen Kaugummi auf den Boden gespuckt. Leider stand der Schuldirektor direkt hinter ihr.

»Du hast da was verloren«, sagte er streng und deutete mit seinem langen Zeigefinger auf den Kaugummi.

»Nein, den habe ich absichtlich ausgespuckt«, antwortete Stella, »der schmeckte nicht mehr.« Und das stimmte ja auch.

Dann läutete es. Stella ließ den Direktor stehen und ging zurück in ihr Klassenzimmer. Am nächsten Tag musste sie ALLE Kaugummis, die auf dem Boden des Schulhofs klebten, mit einem Messer wegkratzen.

Stella hat bis heute nicht verstanden, warum. Aber es dauerte ganze drei Stunden.

»Und überhaupt«, holte Stella aus, »warum verstehen wir Mörtel eigentlich immer noch nicht? Schließlich haben wir ihn ja auch gerettet vor einem halben Jahr!«

Mörtel war bei dem großen Brand ohnmächtig geworden, als er ein anderes Pferd gerettet hatte, und Fritzi, Stella und Miyuki hatten ihn damals gemeinsam aus dem brennenden Stall gezogen.

»Mörtel sagt, das liegt daran, dass Fritzi und Mörtel einsam sind und traurige Herzen haben.«

»Traurige Herzen, so ein Quatsch«, wiederholte Stella schnaubend. Sie sah, wie Fritzi sich auf der Reitbahn zu Mörtel hinunterbeugte und er ihr ein Küsschen auf die Wange drückte. Stella schnappte nach Luft. »Ich möchte auch mal mit Mörtel auftreten«, maulte sie.

Miyuki lächelte. Ihre Eltern stammten aus Japan, daher war sie immer sehr vorsichtig und höflich. Eigentlich das genaue Gegenteil von Stella.

Einmal war Miyuki sogar zu dem Bauernhof gefahren, bei dem ihre Eltern immer die Eier kauften, und hatte sich bei jedem Huhn persönlich für das Frühstücksei bedankt, das sie jeden Morgen aß. So höflich war sie!

Nur wenn es um die Pferde ging, konnte sie fuchsteufelswild werden.

»Da hat Fritzi bestimmt nix dagegen«, sagte Miyuki nun.

Doch Stella war an diesem Tag einfach auf Krawall gebürstet. »Ich weiß nicht! Fritzi steht schon ganz schön

gern im Mittelpunkt.« Sie vergaß dabei, dass es eine
Menge Arbeit machte, Mörtel zu trainieren. Und dass sie
sich nicht gerade um diese Arbeit gerissen hatte, als es
darum gegangen war, wer sie übernehmen wollte.

»Schon«, stimmte Miyuki ihr zu, fühlte sich aber wie
eine Verräterin.

Die Kinder hingen unterdessen regelrecht an Fritzis
Lippen, die ihnen gerade erzählte, wie sie Mörtel trainierte
und mit ihm neue Nummern einstudierte.

»Toll«, sagte das kleine Mädchen im blauen Mantel
bewundernd, »wie hast du ihm das bloß beigebracht?«

Fritzi strahlte vor Stolz.

Das war endgültig zu viel für Stella!»Pffh!«, stieß sie aus
und drehte sich weg. Sie stapfte in den Stall, der gleich neben dem Reitplatz lag, und knallte die Tür hinter sich zu.

Fritzi blickte erschrocken auf und
sah fragend zu Miyuki hinüber.

Miyuki zuckte die Achseln
und verzog den Mund zu
einem Mini-Lächeln. Sie
zögerte. Sollte sie Stella
hinterhergehen? Oder bei
Fritzi bleiben und zu ihr
halten?

Aus dem Stall rumpelte es und von Stella war ein »Mist!« zu hören. Wahrscheinlich war sie vor lauter Wut über eine Heugabel gefallen.

Miyuki stieß sich vom Zaun ab, lächelte Fritzi noch einmal schulterzuckend an und ging Stella hinterher, um nachzusehen, was passiert war.

Fritzi fröstelte und sie knöpfte den obersten Knopf ihrer Jacke zu. Sie sah zu Mörtel, der noch immer von seinen Fans bewundert und gekrault wurde und davon nie genug kriegen konnte.

»Es wird langsam kalt und wir müssen reingehen«, sagte sie schroff. Doch man konnte deutlich sehen, dass sie auch wegen Stella und Miyuki zu frieren anfing.

Giftschlangen

Fritzi radelte durch das dichte Schneegestöber nach Hause und hoffte, dass es bald wärmer werden würde. Dieser Mist-Winter dauert dieses Jahr ewig, dachte sie bibbernd. Seit Tagen legte er eine dicke Zuckerschicht auf Felder, Straßen und Hausdächer.

Und was war bloß mit ihren Freundinnen los? Fritzi verstand nicht, warum Stella und Miyuki sich bei der Aufführung so zickig verhalten hatten. Einfach wegzugehen und die Stalltür zuzuschlagen. Das war ja total gemein!

»Schließlich sind wir Freundinnen«, rief sie trotzig in das Schneegestöber, »und nicht irgendwelche, sondern die Stallmädchenbande! Was soll das also?« Doch der Schnee wusste auch keine Antwort. Stattdessen näherte sich ein Lastwagen, raste an ihr vorbei und spritzte sie mit braunem Schneematsch voll.

»He!«, rief sie und sprang vom Rad, aber der Lastwagen-
fahrer fuhr einfach weiter. Jetzt war auch noch ihr Mantel
von oben bis unten dreckig. »Danke, du Butterbirne«,
brüllte sie, »jetzt ist auch noch mein einziger Mantel ver-
saut!«

Das Schreien tat gut.

Fritzi wischte sich eine Wutträne aus dem Auge und
setzte sich wieder auf ihr Rad.

Das Blöde war, dass es im Moment nicht nur auf dem
Holzapfelhof schwierig war, sondern auch zu Hause. Ihre
Mutter, die nur »Nina-Mama« genannt werden wollte,
weil sie sich bei »Mama« zu alt vorkam, war mit ihrer Band
auf einer Konzerttournee. Nina-Mama war nämlich Sän-
gerin und wollte unbedingt berühmt werden.

Stattdessen war Rafael Freitag, Fritzis Vater, nach

Hause gekommen und verbreitete noch mehr Chaos als Nina-Mama. Ihn nannte Fritzi einfach Rafael, denn wie ein Papa kam er ihr nun wirklich nicht vor. Rafael Freitag war ein Abenteurer, der an den verrücktesten Orten unterwegs war, um Fotos zu machen. Zum Beispiel von den Felsenpinguinen am Südpol oder den Nilkrokodilen der Serengeti-Wüste. Ihr Vater war also hauptsächlich weg.

Hoffentlich gibt es wenigstens was Leckeres zu essen, dachte Fritzi, als sie in die Einfahrt des kleinen, windschiefen Häuschens der Freitags einbog. Sie stellte ihr Fahrrad in die Garage, klopfte sich den Schneematsch vom Mantel und schloss die Haustür auf. Nach Essen roch es jedenfalls nicht. Dafür erwartete sie im Flur ein unglaubliches Chaos von Stiefeln und Schals und Handschuhen, die verstreut auf dem Boden lagen. Fritzi seufzte noch einmal, hängte ihren Lieblingsschal an die Garderobe und räumte die Schuhe aus dem Weg.

»Und dann packst du sie mit dem Stöckchen«, hörte sie aus der Küche, »hältst sie hinten fest und schneidest ihr den Kopf ab.«

»Iiiih!« Fritzi verzog den Mund und stieß die Küchentür auf. Ihr Vater Rafael stand in der Küche und tanzte herum, als ob er im Dschungel mit einem wilden Tier kämpfen würde. Seine rotblonden Locken hüpften dabei auf und ab.

»So hältst du die Schlange in der Hand«, sagte er. Er hatte ein Geschirrtuch zusammengerollt und schnitt der Geschirrtuchschlange nun mit dem Brotmesser den Kopf ab. Das Tuch war damit auch hinüber.

Fritzis sechsjähriger Bruder Niklas sah ihm mit großen Augen zu. Keiner der beiden beachtete Fritzi.

»Danach schneidest du noch mal das gleiche Stück ab, damit die Giftdrüsen entfernt werden. Etwa so.« Fritzis Vater strahlte. »Und dann kannst du sie unbesorgt grillen und essen.«

»Toll!«, rief Niklas begeistert. »Und wie schmeckt Schlange?«

»Sehr zart, fast wie Hühnchen«, schwärmte Rafael Freitag.

»Mir würden Spiegeleier reichen«, platzte Fritzi in das Überleben-im-Dschungel-Gespräch.

»Ah, Fritzi, du bist schon da.« Verlegen sah Fritzis Vater auf.

Fritzi ließ den Blick durch die Küche wandern. Der Einkaufszettel, den sie am Morgen geschrieben hatte, lag unberührt auf dem Küchentisch. Sie schloss daraus, dass es kein Abendessen geben würde. Fritzi hielt ihn in die Höhe.

»Ganz toll!«, giftete sie.

Rafael lächelte schuldbewusst. Er suchte wohl nach einer Ausrede:»Wir haben … ein Schnee-Iglu gebaut.«

»Ein Schnee-Iglu«, wiederholte Fritzi schnaubend.

»Ja, und der Laden …, der, äh … hatte dann … äh … schon zu. Leider.«

Ihr Vater wand sich nun selbst wie eine Schlange. Eine echte Verlegenheitsschlange.

»Papa hat mir gezeigt, wie man Giftschlangen fängt!«, krähte Niklas stolz und rettete seinen Vater aus der Klemme.

»Das habe ich gehört«, sagte Fritzi, »dann essen wir eben Giftschlange! Ich gehe gleich in den Garten und hole eine. Schlangen-Pizza, lecker!« Natürlich gab es im Garten keine Schlangen, schon gar nicht im Winter.

»Man muss nur das Gift rausschneiden!«, verkündete Niklas eifrig und guckte zu Rafael hoch. Niklas sah seinen Vater höchstens zwei Mal im Jahr, aber wenn er da war, hing Niklas die ganze Zeit bewundernd an seinen Lippen und plapperte alles nach, was Rafael erzählte. Das ärgerte Fritzi immer besonders.

»Wisst ihr was? Wir gehen einfach essen!« Rafael strahlte, als ob er gerade die Glühbirne erfunden hätte.

»Yippie!« Das war natürlich Niklas.

Fritzi ging seufzend in den Flur, um Niklas' Jacke und

Schal zu holen. Schon wieder raus in die Kälte! Lieber würde sie sich mit einem Buch an die Heizung verkriechen und sich hinter den Buchdeckeln ein bisschen leidtun.

Müde legte sie sich den Schal um den Hals. Er kam ihr vor wie eine Würgeschlange.

Dreieinhalb Minuten
Vater

Rafael Freitag fuhr einen gelben, alten Campingbus. Die Leute wollten wegen der Farbe oft ihre Pakete bei ihm abholen, da sie ihn für den Postboten hielten. Alle drei setzten sich auf die Vorderbank des Busses, was sich fast ein bisschen wie Familie anfühlte, fand Fritzi. Wie eine Dreiviertel-Familie, schließlich fehlte Nina-Mama. Ausnahmsweise sprang der Wagen sofort an.

»Wollen wir heute mal was Exotisches ausprobieren?«, fragte Rafael Freitag und lenkte den Bus in Richtung Stadtmitte.

»Au ja, was Ächsotscheses!« Niklas klatschte begeistert in die Hände. Er hatte natürlich keine Ahnung, was das hieß.

Fritzi schon. »Exotisch« hieß, dass es in dem Restaurant

eklige Dinge wie *Gegrillte Heuschrecken* oder, noch schlimmer, *Kalten Quallensalat* geben würde. Da ihr Vater in der
ganzen Welt herumreiste, fand er solches Essen ganz
normal.

»Auf keinen Fall!«, sagte sie streng. Hauptsache, sie
musste keinen Quallensalat essen.

Der Schnee war dichter geworden und die Straße dadurch
ziemlich glatt. Rafael Freitag musste gut aufpassen, dass er
nicht von der Fahrbahn abkam.

»Italienisch bei Tante Rosa Maria?«, fragte er und
schielte zu Fritzi herüber.

Tante Rosa Maria war keine Tante von Fritzi, aber ihr Restaurant hieß so. Dort gab es nur Sachen, die Kinder mochten.

Bestimmt gibt es in Italien ein Gesetz, das es bei schlimmer Strafe verbietet, Kindern ekliges Essen zu geben, dachte Fritzi.

»Na gut«, sagte sie gnädig, und Niklas war ja sowieso mit allem einverstanden.

»Dann nichts wie hin!«, rief Rafael und klatschte in die Hände. Dabei ließ er das Lenkrad los und der Wagen rutschte an ein Parken-verboten-Schild. Ein fieses Knirschen ertönte, und das Schild schwankte, blieb zum Glück aber stehen. »Hoppla«, sagte Rafael, »grade noch mal gut gegangen.«

Er legte den Rückwärtsgang ein und fuhr den Bus schwungvoll zurück. Es gab einen dumpfen Knall. Er hatte den Stromkasten auf dem Fußweg gerammt.

»Das gibt bestimmt 'ne Beule!«, jubelte Niklas.

»Zwei!«, rief sein Vater und klatschte mit Niklas ab.

Fritzi sah genervt an den Autohimmel, von dem getautes Eiswasser auf ihre Stirn tropfte.

Als die drei das Restaurant betraten, stürmte Tante Rosa Maria sofort auf sie zu und knutschte sie ab. »Ah, meine

35

Zuckerschnute ist ja ganz blass um die Nase«, sagte sie zu Fritzi. Auf einmal schossen Fritzi Tränen in die Augen.

Tante Rosa Maria drückte sie fest. »Du armes Kind musst dringend etwas essen!«

Sie war sicher, dass alle Probleme der Welt mit Spaghetti und Pizza gelöst werden konnten. Fritzi lächelte schief.

Tante Rosa Maria trug so hohe Schuhe, dass einem vom Hinsehen schwindlig wurde, und hatte knallpinken Lippenstift aufgelegt. Dabei war sie mindestens doppelt so alt wie Fritzis Mutter. Wenn sie durch das Lokal flitzte, klimperte sie vor lauter Schmuck wie ein voll behangener Weihnachtsbaum.

»Zwei Cola, ein Apfelsaft und dreimal Lasagne«, bestellte Rafael, ohne nachzufragen.

Fritzi war zu müde, um zu protestieren. Eigentlich hatte sie sich auf eine Pizza gefreut.

»Per favore«, sagte Rafael Freitag dann noch, was »bitte« heißt.

Fritzi wurde knallrot. Immer musste ihr Vater damit angeben, dass er Halb-Italiener war. Wie peinlich!

Aber als die beste Lasagne der Welt, die cremig und knusprig zugleich war, vor ihnen stand, sah die Welt gleich viel freundlicher aus.

»Wie war Mörtels Show heute?«, fragte Rafael und sah Fritzi halbwegs interessiert an.

Fritzi verzog den Mund. »Die Show war super, aber …«
Erst mal abwarten, ob er wirklich was wissen will oder ob er nur so tut, dachte Fritzi. Denn meist hatte Rafael Freitag ganz andere Dinge im Kopf.

»Aber?«, fragte er tatsächlich.

»Stella und Miyuki sind so komisch.«

»Wieso komisch?«

Und dann erzählte Fritzi, wie Stella die Stalltür zugeschlagen hatte und Miyuki hinterhergegangen war. »Ich glaub fast, die mögen mich nicht mehr.«

»Ach, das ist doch Quatsch.« Rafael hatte inzwischen sein Smartphone aus der Tasche gezogen und studierte die Wettervorhersage für Tuvalu. Dort wollte er als Nächstes hinfahren, um die Lagunen zu fotografieren.

»Quatsch?« Fritzi platzte fast. »Quatsch ist, ständig zu gucken, ob irgendwelche blöden Regenwolken über bescheuerten Inseln hängen. Kannst du nicht EIN MAL ein richtiger Vater sein?«

Rafael erschrak und schob schnell sein Smartphone zur Seite. Die Gäste um sie herum starrten ihn böse an. Auch Tante Rosa Maria, die gerade an der Theke stand, guckte zu ihnen herüber.

Rafael Freitag tat zerknirscht. »Stella und Miyuki sind doch nur neidisch.«

Fritzi guckte erstaunt.

»Ja! Weil du mit Mörtel auftreten darfst und was Besonderes bist.«

So hatte Fritzi das noch gar nicht gesehen. »Ich? Was Besonderes?«

Sie machte doch nur das, was nötig war. Herr Kuchenbecker, der Besitzer des Holzapfelhofs, hatte das Geld von Mörtels Auftritten dringend gebraucht, um den Stall nach dem Brand wiederaufzubauen. Sonst hätte er ihren Lieblingshengst Panagiotis verkaufen müssen.

»Klar«, sagte der Vater und schielte ein bisschen zu seinem Smartphone hinüber.

»Aber was kann ich denn da machen?«, fragte Fritzi. Schließlich wollte sie auf keinen Fall, dass ihre Freundinnen neidisch auf sie waren.

»Das ist doch ganz einfach«, verkündete Rafael. Dann schob er sich eine Riesengabel Lasagne in den Mund und kaute ausgiebig. So machte er das immer, wenn er etwas besonders spannend machen wollte.

»Nun sag schon, Papa!« Vor lauter Ungeduld nannte Fritzi ihren Vater aus Versehen »Papa«, was diesem sofort ein Gewinner-Grinsen aufs Gesicht zauberte.

»Neidisch ist man nur, wenn man nicht genug beachtet wird«, sagte ihr Vater.

Plötzlich begriff Fritzi, wie sie das Problem lösen konnte. »Ich muss sie mit Mörtel auftreten lassen.«

Rafael nickte zufrieden und stopfte sich noch einmal eine riesige Portion Lasagne in den Mund. Dann schielte er schon wieder zu seinem Smartphone hinüber. Fritzi merkte, dass er endgültig genug davon hatte, ein richtiger Vater zu sein.

Waren ja auch schon dreieinhalb Minuten, dachte sie.

Sie nahm eine große Gabel Lasagne, bevor diese kalt wurde. Wie immer schmeckte sie köstlich!

»Ihr glaubt nicht, was mir bei meiner letzten Reise in Afrika passiert ist«, fing Rafael nun an. »Ich lag nachts im Zelt und schlief. Plötzlich hörte ich ein lautes Trampeln.«

Es folgte eine seiner Abenteuergeschichten. Worum es dabei genau ging, hätte Fritzi danach nicht mehr sagen können, da sie dauernd an Stella und Miyuki denken musste. Jedenfalls kamen Nilpferde darin vor. Die viel gefährlicher waren, als sie aussahen. Sagte ihr Vater.*

* Mist, Fritzi hat nicht zugehört! Wer trotzdem wissen möchte, wie die Geschichte weiterging, kann sie hier aber nachlesen:

Fritzis Vater lag nachts in seinem Zelt an einem einsamen afrikanischen Fluss und schlief. Plötzlich hörte er lautes Trampeln und guckte aus dem Zelt. Drei Nilpferde stiegen gerade aus dem Fluss und kamen auf ihn zu. Sie waren riesig. Eines der Nilpferde riss das Maul auf, und Rafael Freitag glaubte schon, es wolle ihn fressen. Vor lauter Panik hatte er vergessen, dass Nilpferde Vegetarier sind. Da schnappte das Nilpferd auch schon zu ... und verspeiste den Busch, der neben Rafaels Zelt stand. Und zwar mit einem einzigen Happen.

Noch zwei lange Stunden lag Rafael Freitag stocksteif da, wagte kaum zu atmen und hatte Angst, dass die Nilpferde über sein Zelt trampeln würden. Dann stapften sie endlich wieder in den Fluss zurück.

Superunwichtig

Manchmal glaubt man, dass etwas ungemein wichtig ist. Dann ändert sich eine Kleinigkeit und auf einmal ist wieder etwas ganz anderes wichtig. Und das, was man eben noch für superwichtig gehalten hat, ist auf einmal superunwichtig. Oder zumindest nicht mehr so furchtbar wichtig wie zuvor.

Als Fritzi am Sonntagmittag auf den Holzapfelhof kam, fand sie es jedenfalls superwichtig, mit Stella und Miyuki zu reden. Doch im Stall war nur Flavio, der neue Pferdepfleger. Herr Kuchenbecker, der Besitzer des Holzapfelhofs, hatte siebzehn Pflegepferde im neuen Stall. Nur Panagiotis gehörte ihm selbst. Flavio war ein Neffe von Tante Rosa Maria und er war mindestens genauso nett.

Gerade war er dabei, Mörtel zu striegeln, der sich gern eine Sonderbehandlung abholte. Flavio trug eine blaue Latzhose und kaute auf einem Strohhalm herum. Das machte er immer, seit er sich das Rauchen abgewöhnt hatte. Er nannte es »Phantom-Rauchen«.

Mörtel war schon von der Tür zu hören: »Ein bisschön mehr links, da jückt es schrecklisch! Nein, mehr reschts. Odör doch links. Ja, da, ohhh, herrlisch!«

Natürlich konnte Flavio Mörtel nicht verstehen, da ja nur Fritzi ihn hören konnte. Doch Mörtel wand sich wie ein Aal unter der Bürste, damit Flavio ihn bloß an den richtigen Stellen kratzte.

»Da ist richtig was dran zum Striegeln, nicht wie bei den mageren Turnierpferden«, sagte Flavio begeistert.

»Ünverschämtheit«, schimpfte Mörtel, »isch habe durch das harte Training schon zweihundörtneunund-vierzig Komma sechs Gramm abgenommön!«

»Sei vorsichtig, Mörtel versteht dich ganz genau!«, warnte Fritzi ihn.

Flavio fuhr herum. »Ah, da ist ja die beste Pony-Bändigerin der Welt!«

»Na, ich weiß nicht.« Fritzi verzog das Gesicht.

»Was ist los? Dicke Luft im Stallmädchen-Universum?«

»Du hast es also auch schon mitbekommen?«

Flavio lachte. »Klar, so wie die strubbelige Rakete gestern hier reingeschossen ist.« Er meinte Stella.

Fritzi wollte antworten, doch in diesem Moment ging die Stalltür auf, und Miyuki kam herein.

»Hallo«, sagte Miyuki leise. Sie hatte eine pinke Daunenjacke an, eine türkisfarbene Hose und einen pink-türkis gestreiften Schal.

Mal wieder viel zu fein für den Stall, dachte Fritzi. Doch sie kam sich in ihrem alten, dreckigen Wintermantel gleich ein wenig schäbig vor.

Es würde aber eindeutig zu weit gehen, hier schon von *Das-will-ich-auch-haben-Neid* zu sprechen, denn Fritzi war es meist ziemlich egal, was sie anhatte.

»Ich muss dann mal … äääh, Schnee schippen!« Flavio drückte Fritzi den Pferdestriegel in die Hand und machte sich davon.

»Schnee schippen«, wunderte sich Miyuki, »es hat doch noch gar nicht geschneit heute?«

Fritzi zuckte ratlos mit den Schultern und fing an, Mörtels Fell zu bürsten.

»Na endlisch, isch habe schon gedacht, isch muss hier festwachsön!«

»Jetzt mach aber mal halblang«, antwortete Fritzi schärfer als gewollt. Sie war ein bisschen nervös wegen Miyuki.

»Ünverschämtheit! So kann man nischt mit einöm großön Star redön! Ich werde misch beschwerön!« Mörtel drehte beleidigt den Kopf an die Wand.

Seit so viele Kinder auf den Hof kamen, um Mörtels Kunststücke zu sehen, war er ein wenig eingebildet. Oder besser gesagt, noch eingebildeter als früher.

Panagiotis, Fritzis Lieblingshengst, schaute zu ihnen herüber und schnaubte. Fritzi hätte schwören können, dass er dabei die Augen zur Decke drehte.

»Bei wem willst du dich denn beschweren?«, sagte sie zu Mörtel. »Es versteht dich doch keiner.« Fritzi musste darüber selbst ein wenig lachen.

»Das ist auch wiedör wahr«, grummelte Mörtel. Schnell schob er ihr seinen Hintern hin. »Dahintön, oh, es ist so furschtbar, entsetzlische Schmerzön, es fuhr mir rein wie ein Stromschlag. Diese schrecklische Pirouette!«

»Was sagt er?«, fragte Miyuki patzig.

»Er ist nur verspannt«, erklärte ihr Fritzi, »von der Pirouette.« Sie hatte deutlich gehört, dass Miyuki genervt war. Bestimmt, weil nur Fritzi Mörtel verstehen konnte. Daran konnte sie aber nun mal nichts ändern. Doch dann kam ihr eine Idee.

»Du kannst doch Ballett«, sagte sie zu Miyuki. »Kennst du vielleicht ein paar Bewegungen, die auflockernd sind?«

44

Ein Lächeln huschte über Miyukis Gesicht. »Ich kenne da schon ein paar einfache Übungen.«

»Abör nischt zu simpöl«, tönte Mörtel prompt, »schließlisch bin isch ein hervorragendör Tänzör!«

»Jaja«, winkte Fritzi ab. Sie wandte sich zu Miyuki. »Könntest du dir vorstellen, diese Übungen dann auch mit Mörtel vorzuführen? Mir wird grade alles ein bisschen viel.« Das war natürlich nur ein Vorwand.

»Das könnte ich …« Miyuki wollte wohl gerade antworten, dass sie sich das gut vorstellen könnte, da flog die Tür des Stalls auf.

Stella stürmte mindestens genauso raketenartig herein, wie sie gestern in den Stall gerannt war. Fritzi zuckte zusammen. Stella würde sich bestimmt nicht so leicht besänftigen lassen wie Miyuki. Sie schien immer noch auf hundertachtzig zu sein. Wenn nicht gar auf hundertneunzig oder zweihundert. Ojemine!

Doch dann wurde das, was Fritzi eben noch für superwichtig gehalten hatte, plötzlich superunwichtig. Stella war nämlich gar nicht mehr neidisch. Sie hatte anscheinend vollkommen vergessen, dass sie überhaupt jemals neidisch gewesen war. Stattdessen strahlte sie übers ganze Gesicht und rief: »Meine Eltern werden berühmt!«

Fritzi, Miyuki und Mörtel starrten sie mit offenem

Mund an. Was hatte sie gesagt? Ihre Eltern wurden berühmt? Auf einmal waren alle gespannt bis in die Haarspitzen.

Doch Stella stand nur grinsend da, holte eine prall gefüllte Tüte hervor, die sie hinter ihrem Rücken verborgen hatte, schwenkte sie und rief: »Zimtschnecken-Alarm!«

Sieben Koffer
und ein Käfig

Nicht weit entfernt vom Holzapfelhof gab es einen kleinen Flughafen, der zu drei Städten zugleich gehörte. Jede der drei Städte behauptete natürlich, dass das ja eigentlich, wenn man es genau betrachtete, ihr eigener Flughafen war. Aber nur, wenn gerade keiner aus einer der anderen Städte zuhörte. So sind die Menschen nun mal. Wollen immer alles für sich allein haben. Schuld daran ist natürlich der *Das-will-ich-auch-haben-Neid*.

Auf diesem Flughafen war gerade ein Flieger aus London gelandet und die Passagiere warteten am Gepäckband auf ihre Koffer.

»Wie lange dauert das denn noch?« Einer der Passagiere hatte schon drei Koffer vom Band genommen und auf seinen Gepäckwagen gestapelt. Trotzdem wartete er immer noch ungeduldig auf weitere Gepäckstücke. Er trug einen karierten Anzug, einen karierten Hut und einen karierten Mantel, kurz: Er sah ein bisschen aus wie der berühmte Sherlock Holmes, nur war er kein Detektiv, sondern der gar nicht so berühmte Affenforscher Professor Archibald Tendericks.

»Ah, da ist ja einer!« Professor Tendericks hievte den Koffer mühsam auf seinen Gepäckwagen. Klar, dass auch die Koffer kariert waren. Im Mundwinkel des Professors steckte eine Pfeife. Sie war kalt, da man im Flughafengebäude nicht rauchen durfte.

»Ah, und noch einer.« Er hob einen besonders großen Koffer auf den Gepäckwagen. Wenn er auf Reisen ging, packte er zu Hause alles ein, was ihm gerade unverzichtbar erschien: fünf Konservendosen mit seiner Lieblings-Minzsoße, Fliegenklatschen, sein Entsafter für Grapefruits – solch überflüssige Dinge landeten in seinen Koffern. Einmal hatte er sogar einen alten Autoreifen aus der Garage mit sich geschleppt, falls das Taxi unterwegs eine Panne haben sollte.

»Und noch einer. Und der letzte.«

Nun stapelten sich ganze sieben Koffer übereinander. Sicherlich wieder voller überflüssiger Dinge!

Am Schluss hob der Professor noch einen Käfig, der unter einer Decke verborgen war, auf den Kofferberg. Dann versuchte er, den Gepäckwagen in Richtung Ausgang zu steuern. Das war nicht ganz einfach, denn der Kofferberg wankte gefährlich, und eine Menge Menschen schwirrten wie emsige Bienen durch die Flughafenhalle und versuchten, rechtzeitig ihre Flüge zu erwischen. Außerdem sah Professor Tendericks hinter seinem riesigen Kofferberg weniger als ein Kapitän, der einen Dampfer rückwärts durch eine dicke Nebelbank steuern muss.

Es war vollkommen klar, dass das nicht gut gehen konnte.

Deswegen merkte er auch nicht, dass ein Hindernis mitten im Weg stand. Das Hindernis blockierte den Ausgang und schrie dann auch noch etwas wie »Autsch!«, als Professor Tendericks mit voller Wucht dagegenknallte. Der Kofferberg geriet sofort noch mehr ins Wanken.

Professor Tendericks versuchte, ihn festzuhalten, doch der Berg fing an zu rutschen, und ein Koffer nach dem anderen glitt seufzend auf den Boden. Den Käfig konnte der Professor gerade noch auffangen.

Der Professor nahm seinen Hut ab und raufte sich die Haare: »Oh nein, die ganze Arbeit umsonst!« Wütend begann er, die Koffer wieder auf den Gepäckwagen zu stapeln. Er tanzte um den Wagen herum wie ein karierter Gartenzwerg, denn immer, wenn er alle Koffer auf dem Gepäckwagen hatte, rutschte auf der anderen Seite wieder einer herunter.

Nach einer Viertelstunde hatte er endlich einen stabilen Kofferberg aufgebaut. Erst als er schnaufend neben dem Wagen stehen blieb, bemerkte er eine junge Frau, die ihn kühl musterte. Dann beugte sie sich herunter und rieb sich den Knöchel.

Jeder andere hätte sich nun entschuldigt, doch der

51

Professor blaffte sie an: »Was stehen Sie hier auch rum wie eine Zimmerpflanze?« Der Professor konnte zwar mit Affen gut umgehen, nicht aber mit Menschen.

Das Mädchen schaute ihn böse an, er blickte genauso böse zurück. Dem Professor fiel auf, dass das Mädchen ein langes, buntes Kleid anhatte und über ihren Schultern eine Stola mit Fransen lag. Dazu trug sie Sandalen, obwohl es draußen eiskalt war. Und an ihrem Knöchel entdeckte der Professor einen riesigen roten Fleck. Der dabei war, sich in einen riesigen blauen Fleck zu verwandeln.

Das war dem Professor nun doch ein wenig peinlich. Immer, wenn er nicht wusste, wie er mit etwas umgehen sollte, überlegte er, wie es die Affen machen würden. Wenn ein Mitglied des Affenclans krank war, streichelten es die anderen, kümmerten sich besonders mitfühlend um es und gaben ihm Küsschen. Das schien dem Professor aber doch etwas zu weit zu gehen.

Ob sie eine Dose Minzsoße nehmen würde, fragte er sich. Wohl kaum. Stattdessen fing er an, nach seinem Geldbeutel zu suchen.

»Oh, sorry!«, murmelte er dabei und schob den Wagen schnell ein Stück zurück, als ob er es damit wiedergutmachen könnte. »Ist Ihnen nicht kalt?«

Die junge Frau schien ihn nicht zu verstehen und sah

ihn mit zusammengekniffenen, dunklen Augen weiter feindlich an. Sie hatte ihre gekräuselten, blauschwarzen Haare zu lustigen kleinen Schnecken gedreht und hatte bronzefarbene Haut.

Seltsam, irgendwo hatte der Professor diese Person schon einmal gesehen, aber er wusste nicht mehr, wo. Dass Sandalen keine passende Kleidung für den Winter waren, leuchtete aber sogar dem Professor ein.

»Hier liegt Schnee«, sagte er und versuchte, seiner Stimme einen besorgten Klang zu geben.

»Schnee«, wiederholte das Mädchen etwas freundlicher, doch sie schien kein Wort zu verstehen.

»Ja, Schnee«, wiederholte er. Dann versuchte er es noch in neun anderen Sprachen, und als er das Mädchen auf Französisch ansprach, nickte es endlich. Er triumphierte. So schlecht bin ich gar nicht in menschlichen Begegnungen, dachte er.

Das Mädchen zeigte auf seinen Fuß und sagte vorwurfsvoll: »Kaputt!« Das war ein Wort, das auf der ganzen Welt bekannt war.

Und dann: »Idiot!« Das kannte sie also auch.

Professor Tendericks wollte eigentlich möglichst schnell in sein Hotel fahren. Aber Affen kümmern sich um ihre Artgenossen, dachte er. Endlich hatte er sein Portemonnaie gefunden und nahm einen Geldschein heraus. Leider war er sehr schusselig, weil er immer andere wichtige Dinge im Kopf hatte. Zum Beispiel die Frage, ob die Gorillas in Afrika beim Sprechen grunzen oder knurren. Daher sah er nicht genau hin und erwischte einen sehr wertvollen Schein.

Er drückte der jungen Frau das Geld in die Hand, verabschiedete sich mit einer kleinen Verbeugung und schob seinen Gepäckwagen davon.

Das habe ich gut gemacht, dachte er zufrieden.

Die junge Frau starrte auf den 500-Euro-Schein. Dann, als der Professor schon fast am Ausgang war, rief sie: »Merci!«

Der Professor winkte nur kurz, ohne sich umzudrehen, und eilte auf ein freies Taxi zu, das gerade vor dem Flughafenausgang hielt.

Und als er mit seinem Gepäckwagen durch die Drehtür des Flughafens hindurchhuschte, hatte er das seltsame Mädchen schon vergessen.

Der Taxifahrer sprang aus dem Wagen und half Professor Tendericks beim Verstauen der Koffer. Bald war das Auto pickepackevoll.

»Wohin geht's?«, wollte der Fahrer wissen.

54

»In die Stadt«, antwortete der Professor.

»Welche Stadt?«, fragte der Taxifahrer. »Schweinstal, Kuhbach oder Hühnerberg?«

Der Professor kramte einen Zettel aus der Manteltasche und sagte: »Ein Hotel in Hühnerberg.«

»In Hühnerberg gibt es zwei Hotels«, stellte der Fahrer fest.

»Dann in das beste«, verlangte der Professor.

Der Taxifahrer fädelte den Wagen in den Verkehr ein. Professor Tendericks war da schon fest eingeschlafen. Der Fahrer freute sich. »Was für eine gute Gelegenheit, ein bisschen Geld nebenbei zu verdienen!« Und so fuhr er den schnarchenden Professor dreimal um Hühnerberg herum.

Als sie schließlich vor dem besten Hotel der Stadt stoppten, wachte der Professor auf und wunderte sich über die hohe Rechnung. Er nahm kopfschüttelnd den Käfig und betrat die Eingangshalle des Hotels. Dann hatte er auch das sofort wieder vergessen. Hinter ihm stolperte der Taxifahrer schwer beladen mit sieben Koffern in die Halle und ärgerte sich, dass er nicht noch ein viertes Mal um Hühnerberg herumgefahren war.

Zimtschnecken und
Tausendfüßer

Stella, Miyuki und Fritzi saßen draußen auf dem Zaun der Pferdekoppel und kauten genüsslich auf ihrem Lieblings-Stallmädchenbandengebäck herum, den Zimtschnecken. Immer, wenn es etwas Wichtiges zu besprechen gab, brachte eine von ihnen Zimtschnecken mit. Und Eltern, die berühmt werden, waren ein klarer Fall für einen Zimtschneckenalarm. Doch Stella hatte immer noch nicht verraten, was ihre Eltern eigentlich Tolles gemacht hatten.

Fritzi war einfach nur froh, dass Stella nicht mehr sauer war, und wartete ab. Aber Miyuki, die ansonsten supergeduldig war, hielt es nicht mehr länger aus: »Nun sag schon, was ist jetzt mit deinen Eltern?«

Stella grinste: »Die werden berühmt.«

»Das hast du schon gesagt.« Miyuki klang genervt.

»Ihr wisst doch, dass sie vor zwei Monaten auf Forschungsreise auf Madagaskar waren«, bequemte sich Stella nun zu antworten.

Stellas Eltern waren Insektenforscher und reisten um die ganze Welt, um alle möglichen Krabbeltiere zu studieren. Daher kannte Stella sich ziemlich gut mit Insekten aus.

»Und?«

»Tja, da wollten sie eigentlich neu entdeckte Tausendfüßer erforschen.« Stella nahm einen großen Bissen von ihrer zweiten Zimtschnecke. »Es gibt dort nämlich Feuertausendfüßer, Riesenkugeltausendfüßer und ...«

»Jaja, ist ja gut«, fauchte Miyuki sie an.

Verdutzt sah Fritzi zu ihrer Freundin. Dass Miyuki so unfreundlich war, hatte sie noch nie erlebt. Aber auch sie wollte langsam wissen, was mit Stellas Eltern los war. Und genau das nutzte Stella gnadenlos aus.

»Und als meine Mutter gerade ein herrliches Exemplar des Feuertausendfüßers entdeckt hat, der einen Baum hochkrabbelt«, Stella grinste. »Übrigens ein Tausendfüßer, der sonst lieber im Laub bleibt ...«

Miyuki verdrehte genervt die Augen. »Ist mir doch egal, wo dieser komische Tausendfüßer sonst wohnt! Nun sag schon!«

»Jedenfalls hört sie von oben auf einmal ein Kreischen,

so etwa: Uauauahuauahuuuh.« Stellas Schrei hörte sich sehr nach Urwald an. Fritzi und Miyuki zuckten vor Schreck zusammen.

Im Wohnhaus gegenüber der Koppel wurde prompt ein Fenster aufgerissen, und der Hofbesitzer, Herr Kuchenbecker, sah heraus. »Ist was mit den Pferden?«

Herr Kuchenbecker war immer furchtbar besorgt, wenn es um seine Tiere ging. Seit seine Frau ihn wegen der ganzen Arbeit verlassen hatte, war es noch schlimmer geworden.

»Alles okay«, rief Miyuki und setzte ihr Liebes-Mädchen-Lächeln auf, »wir üben nur für einen Auftritt.« Meist konnte Miyuki ihn um den Finger wickeln. Heute nicht.

»Aber da hat doch gerade ein Tier ganz furchtbar geschrien?«, fragte Herr Kuchenbecker misstrauisch.

Er lehnte sich aus dem Fenster, konnte aber weit und breit kein Pferd sehen.

»Oje, der ist ja wieder ein Angsthase heute«, flüsterte Stella den anderen beiden zu, während sie versuchte, ebenfalls harmlos zu lächeln. Dabei sah sie aber eher aus wie ein wiehernder Hengst. Zum Glück bemerkte Herr Kuchenbecker das aus der Entfernung nicht.

»Wir proben eine Dschungel-Nummer mit Mörtel!«, rief Fritzi schnell.

»Eine Dschungel-Nummer? Aber nichts mit Schlangen, oder?«, rief Herr Kuchenbecker beunruhigt. »Schlangen mögen die Pferde ja gar nicht. Sie gehen vor Schreck durch und dann kann wer-weiß-was passieren!«

»Nein, nein, alles ganz harmlos«, beruhigte Fritzi ihn.

»Schön. Soll ich euch einen Kakao bringen?« Ein bisschen einsam war Herr Kuchenbecker auch, seit seine Frau in der Stadt lebte. Daher suchte er immer ihre Gesellschaft. Den letzten Kakao hatte Herr Kuchenbecker allerdings statt mit Zucker mit Salz zubereitet. Er war absolut ungenießbar gewesen.

»Nein danke, wir müssen dann auch gleich los«, wehrte Stella schnell ab.

»Ich will mich nicht schon wieder übergeben …«, sagte sie leise zu Fritzi und Miyuki.

»Und mir brannte vielleicht der Hals von dem ganzen Salz«, antwortete Fritzi grinsend.

»Und ich hatte tagelang Durchfall!«, ergänzte Miyuki.

»Na, dann übt mal schön weiter.« Herr Kuchenbecker gab endlich auf und schloss das Fenster.

»Puh, das war knapp«, stöhnte Fritzi. »Also, wie war das nun mit dem Kreischen?«

Stella guckte noch einmal, ob Herr Kuchenbecker wirklich weg war. Das Fenster war zumindest geschlossen. »Also, meine Mutter sieht am Stamm entlang nach oben, und ihr glaubt nicht, was da sitzt!«

»Lass mich raten. Noch einer dieser wahnsinnig spannenden Tausendfüßer?« Miyuki tat, als ob sie gähnen müsste.

»Nein, da saß …« Stella machte eine Pause und sah die beiden bedeutungsvoll an. Fritzi hielt vor lauter Spannung die Luft an. »Da saß … ein Weißer Lemur.«

»Ja und?«, maulte Miyuki enttäuscht. Fritzi ließ frustriert die Luft aus den Wangen entweichen.

»Der Weiße Lemur«, rief Stella und riss ihre blauen Augen noch weiter auf, »ist seit mehr als hundert Jahren ausgestorben!«

»Aha«, sagten Fritzi und Miyuki gleichzeitig und begriffen immer noch nicht.

»Und wieso haben deine Eltern dann einen gesehen?«, fragte Fritzi verständnislos.

»Ja, eben!«, rief Stella und sprang vom Zaun herunter. »Dieser Affe ist der einzige lebende Weiße Lemur, den überhaupt jemand in den letzten Jahren gefunden hat!«

»Und deine Eltern haben ihn entdeckt«, dämmerte es Fritzi langsam.

»Genau!« Stella stopfte sich den Rest ihrer Zimt-schnecke in den Mund und kaute zufrieden.

»Und deshalb werden sie berühmt?« Miyuki konnte es noch immer nicht ganz glauben.

»Scho ischt esch«, nuschelte Stella mit vollem Mund.

»Wow«, sagte Fritzi nur. Sie spürte einen kleinen Stich in der Brust, weil sie daran dachte, was für tolle Eltern Stella hatte. Toll, weil sie nicht so chaotisch waren wie Fritzis Eltern und man sich auf sie verlassen konnte.

»Neidisch ist man nur, wenn man nicht genug beachtet wird«, hatte ihr Vater gesagt und gar nicht gewusst, wie recht er damit bei Fritzi hatte.

»Und nächstes Wochenende stellen sie den Affen anderen Fachleuten auf einer Versammlung hier in der Stadt vor. Das ist ein Treffen von lauter Forschern.« Stella hatte den Zimtschneckenrest offensichtlich herunter-geschluckt, denn man verstand sie wieder gut.

»Das heißt, der Affe ist hier?« Miyuki war auf einmal ganz wach.

»Seit vorgestern«, verkündete Stella. »Er ist so süß, ihr glaubt es nicht! Ganz weißes Fell, ein schwarzes Gesicht, schwarze Öhrchen und sein Schwanz ist sooo lang.« Stella breitete die Arme auseinander, so weit es eben ging.

»Können wir den mal sehen?«, fragte Fritzi sofort.

»Klar, auf der Affenforscher-Versammlung.«

»Ich dachte, die ist nur für Forscher?«

»Stimmt auch wieder.« Stella dachte nach. »Die nächsten zwei Tage sind meine Eltern unterwegs auf Pressereise. Die müssen jetzt schon unglaublich viele Interviews in verschiedenen Städten geben! Das Äffchen haben sie aber zu Hause gelassen. Ich darf solange auf es aufpassen und muss es füttern. Da kann ich es bestimmt mal mitbringen.«

»Au ja«, riefen Miyuki und Fritzi wieder wie aus einem Mund. Ein Affe aus dem fernen Madagaskar auf dem Holzapfelhof, das war nun wirklich etwas Besonderes.

»Morgen!«, rief Miyuki bestimmt.

Fritzi nickte.

»Abgemacht, morgen«, stimmte Stella zu, »gleich nach der Schule hinten im Stall.«

Und dann schwärmte Stella ihren Freundinnen noch ein

wenig von dem Weißen Lemuren vor, der so wunderbar weiches Fell hatte, seinen Schwanz einrollen konnte wie eine Zimtschnecke, furchtbar gern Mangos aß und überhaupt das süßeste Tier war, das sie jemals gesehen hatte.

Gut, dass Mörtel gerade im Stall war und das nicht hören konnte. Er hätte sonst ein Affentheater gemacht.

Die traurige Stadt

Niri stand immer noch in der Flughafenhalle. Ihr Knöchel war mittlerweile dick geschwollen und tat weh. Um sie herum schwirrten lauter Menschen, die sich in einer Sprache unterhielten, die sie nicht verstand, und auch die Schilder und Anzeigetafeln mit Hinweisen konnte sie nicht lesen.

Aber sie konnte ja nicht den ganzen Tag hier stehen bleiben. Sie sah auf den Geldschein, den sie noch immer in der Hand hielt.

Mal sehen, ob das für Schuhe reicht, dachte sie und steckte ihn in den Lederbeutel, den sie um den Hals trug.

Niri schwang ihren Rucksack auf den Rücken und beschloss, einfach in die Richtung zu gehen, in die der Herr vorhin gegangen war. Als sie durch die Drehtür nach draußen trat, schlug ihr ein eisiger Wind entgegen. Sie zog ihre Stola zusammen und sah sich um. Ein Bus mit laufendem Motor stand in einiger Entfernung und sah warm und behaglich aus. Sie humpelte hin und stieg vorne ein. Der Busfahrer sah sie an, und sie zog einen Zettel aus ihrem Lederbeutel, auf dem der Name einer Stadt geschrieben stand: Hühnerberg.

Der Busfahrer nickte und sagte: »Fünf Euro siebzig.«

Niri holte den 500-Euro-Schein heraus und hielt ihn dem Busfahrer hin. Dieser sah ihn erschrocken an und schüttelte den Kopf: »Kann ich nicht wechseln!«

Niri verstand ihn nicht und hielt ihm erneut den Geldschein hin. Doch der Busfahrer schüttelte wieder den Kopf und wies mit dem Zeigefinger nach draußen. Entsetzt sah Niri in den kalten, grauen Februarhimmel und dann wieder zum Busfahrer.

Da fiel der Blick des Busfahrers auf Niris nackte Füße und er bemerkte ihren geschwollenen Knöchel.

»Also gut, ausnahmsweise«, seufzte er und zeigte mit dem Kopf nach hinten.

Niri schlüpfte glücklich durch den Gang und setzte sich auf einen freien Platz. Der Fahrer startete den Bus und fuhr in Richtung Landstraße. Niri sah aus dem Fenster und erblickte eine einsame Winterlandschaft, über der schwere Schneewolken hingen. Die Menschen im Bus redeten nicht miteinander, sondern starrten aus dem Fenster.

»Bei uns wäre hier ein einziges Geschnatter und Gekicher«, seufzte sie, »und alle hätten gute Laune.« Niri beschloss, sich sofort um warme Kleidung zu kümmern.

Nach einer Weile erreichte der Bus die ersten Häuser einer kleinen Stadt. Selbst die Häuser schienen hier traurig dreinzublicken und vor lauter Schwermut die Köpfe einzuziehen.

Im Stadtzentrum von Hühnerberg stieg Niri aus und humpelte zu einem großen Kaufhaus. Dort kaufte sie sich zuerst ein Paar silberne, hohe Turnschuhe, die den Knöchel stützten. Sie war sehr erstaunt, dass das Geld auch noch für einen warmen Mantel reichte.

Die Verkäuferin sah sie kaum an, sondern reichte das Wechselgeld muffig über den Einkaufstresen zurück.

»Was haben die hier bloß?«, wunderte sich Niri.

An einem Imbiss kaufte sie sich eine Portion Pommes frites, setzte sich auf eine Parkbank und überlegte, was sie als Nächstes tun sollte.

»Ich brauche einen Schlafplatz. Und ich muss herausfinden, wo …«

Den Satz konnte sie nicht mehr zu Ende sprechen, da auf einmal eine Taube angeflattert kam und neben ihr auf der Bank landete. Sie hatte ein schönes, kakaofarbenes Gefieder mit einem schwarzen Streifen um den Hals und sah Niri sanftmütig an.

»Wer bist du denn?«, fragte Niri erstaunt.

»Guguguguuh«, machte die Taube.

»Hallo, Gugu«, sagte Niri.

Da kam von der anderen Seite eine weitere Taube angeflattert und setzte sich ebenfalls neben sie.

»Und wer bist du?«, fragte Niri lachend.

»Gurrgurr«, sagte die andere Taube.

»Hallo, Gurr«, begrüßte Niri auch diese Taube.

Dann landete eine weitere Taube neben ihr. Und noch eine und noch eine und noch eine. Schließlich saßen dreizehn Tauben um Niri herum auf der Bank, putzten sich, pickten mit ihren spitzen Schnäbeln in das Holz der Bank und plusterten ihr Gefieder gegen die Kälte auf. Dabei gurrten alle dreizehn laut durcheinander.

»So viele Namen kann ich mir nicht merken!«, rief Niri. »Aber schön, dass ihr alle da seid.«

Die Tauben gurrten freundlich zurück.

»Ihr habt bestimmt Appetit auf ein paar Pommes«, sagte Niri und legte ein paar Kartoffelstifte auf die Bank.

Die Tauben stürzten sich gierig darauf und verputzten sie auf der Stelle.

Niri knabberte an ihren Pommes frites und freute sich, dass sie nicht allein essen musste.

»Warum sind die Menschen hier denn so schlecht gelaunt?«, fragte sie Gugu, die zu ihr auf den Schoß gehüpft kam.

»Guguguguuh«, sagte Gugu und streckte ihre Flügel nach oben.

Niri sah hoch. Der Himmel war immer noch grau und hing voller schwerer Wolken.

»Ach so«, rief Niri, »deshalb! Und ich dachte schon, es hat was mit mir zu tun!«

Gugu schüttelte den Kopf und stibitzte noch eine Pommes.

Niri lachte und sah in den Himmel. Das schlechte Wetter macht einen wirklich ein bisschen traurig, dachte sie.

»Sagt mal, Gugu, Gurr und alle anderen«, fiel ihr auf einmal ein, »ihr fliegt doch immer über alles hinweg und seht eine ganze Menge.«

»Guguguguuh«, antwortete Gugu.

Niri nahm das als ein »Ja!«.

»Könntet ihr mir dann vielleicht helfen, jemanden zu finden?«

»Gurrgurr«, antwortete Gurr.

»Super!«, rief Niri erfreut. »Dann rufe ich euch, wenn ich euch brauche, okay?«

Die Taubenschar gurrte zustimmend.

Die Menschen, die vorbeigingen, sahen eine junge Frau mit dreizehn zufriedenen Tauben. Der Anblick zauberte ihnen endlich ein Lächeln ins Gesicht.

Der Weiße Lemur

Oft ist man mit Worten viel mutiger als mit dem, was man tut. Dann plappert man zu schnell etwas heraus und kann auf einmal nicht mehr zurück. Zum Beispiel, dass es ÜBERHAUPT kein Problem wäre, im Schwimmbad vom 10-Meter-Brett zu springen. Und dann steht man da oben, bekommt Panik, zittert wie eine nasse Katze und muss schließlich auf allen vieren zurückkriechen. Und alle anderen stehen unten und lachen sich kaputt. Peinlich!

Stella bereute es jetzt ziemlich, dass sie ihren Freundinnen versprochen hatte, den kleinen Affen mitzubringen. Sie trat in die Pedale und murmelte: »Mam und Pap«, (so nannte sie ihre Eltern), »dürfen auf keinen Fall erfahren, dass ich ihr seltenes Äffchen mitgenommen habe! Das würde richtig Ärger geben! Der Affe muss unbedingt heute Abend wieder zu Hause sein.« Es war bitterkalt und das Fahrrad war ziemlich schwer. Auf den Gepäckträger hatte sie nämlich eine große Hundebox gebunden, um die auch noch eine dicke, warme Decke gewickelt war.

Als Stella in die Einfahrt des Holzapfelhofs bog, lehnten Fritzis und Miyukis Räder bereits am Zaun. Natürlich waren die beiden schon da, schließlich wollten sie UN-BEDINGT das Äffchen sehen. Stella seufzte. Sie stieg vom Rad, nahm die Hundebox vom Gepäckträger und schleppte sie in den Stall.

Fritzi und Miyuki waren gerade dabei, die Pferde zu striegeln. Die Tiere schnaubten zufrieden. Es herrschte eine ruhige und friedliche Stimmung im Stall.

»Affen-Alarm!«, grölte Stella extra laut, um sich selbst Mut zu machen. Die Pferde zuckten vor Schreck zusammen und polterten gegen die Boxenwände. Fritzi und Miyuki schossen sofort in den Gang hinaus und stürmten auf Stella zu.

»Wo ist er?« (Fritzi)

»Ist das der Affe?« (Miyuki)

»Zeig her. Ich will ihn sofort sehen!« (Fritzi)

»Nun mach schon!« (Miyuki)

»Was ist das für einö Lärm? Isch brauche meinön Mittagsschlaf!« (Mörtel, na klar)

»Ruhe dahinten!« (Fritzi)

»Ünverschämtheit!« (Mörtel, oberklar!)

Stella lachte über die Ungeduld ihrer Freundinnen und hievte die Hundebox auf einen Strohballen.

»Darf ich reinschauen?« Miyuki zupfte an einem Deckenzipfel und wollte daruntergucken.

»Moooment!« Stella schob Miyukis Hand weg und stellte sich wie ein Löwendompteur in den Gang. »Meine Damen und Herren, ich präsentiere Ihnen den wunderbaren, großartigen und total seltenen Weißen Lemuren aus Madagaskar! Tatatataaah!« Stella wedelte mit den Armen und zog das Tuch weg. Die graue Kunststoffbox kam zum Vorschein.

»Man sieht ja gar nix!« Ernüchtert starrten Fritzi und Miyuki durch die seitlichen Gitter, aber es war nur ein weißes, verschrecktes Fellknäuel zu erkennen.

Stella überlegte. Eigentlich hatte sie das Äffchen im Korb lassen wollen, um bloß kein Risiko einzugehen. Aber nun wollte sie vor ihren Freundinnen nicht als Feigling dastehen. Sie öffnete das Gitter und das Äffchen steckte sogleich neugierig den Kopf heraus.

»Ist der süüüüß!« Miyuki war hingerissen.

»Der hat ja orangene Augen!« Fritzi genauso.

»Hab ich doch gesagt«, erklärte Stella stolz.

Der kleine Weiße Lemur stieg aus der Box und kletterte auf deren Deckel. Jetzt konnten die Mädchen ihn in seiner ganzen Schönheit bewundern.

»Was für ein weiches Fell!«

»Und die süßen, schwarzen Öhrchen!«

»Der Schwanz ist ja fast einen Meter lang!«

»Jetzt rollt er ihn ein wie eine Zimtschnecke!«

»Darf ich ihn streicheln?«

Und so weiter und so weiter …

»Wie heißt er denn?«, wollte Miyuki schließlich wissen.

»Er heißt Montag«, antwortete Stella, »weil meine Mutter ihn an einem Montag gefunden hat. So wie Robinson auf der einsamen Insel seinen Freitag an einem Freitag gefunden hat.«

»Montag wie Fritzi Freitag«, stellte Fritzi fest.

»Nein, Montag wie Montag van der Stock«, antwortete Stella patzig.

Fritzi sollte bloß nicht glauben, dass das Äffchen ihr gehörte. Schließlich hatte sie schon Mörtel.

Doch Fritzi lächelte seltsamerweise nur. »Schon klar.«

Stella nahm eine Dose aus ihrem Rucksack und Fritzi und Miyuki durften Montag ein Reisbällchen geben. Diese

verspeiste er sehr putzig, indem er sie zwischen seine
Pfötchen klemmte.

»Süüüüüß!«, riefen Fritzi und Miyuki.

Auf einmal schnappte Montag sich die Dose und schob
sich die übrig gebliebenen fünf Reisbällchen alle auf einmal ins Mäulchen. Dann trommelte er sich triumphierend
mit seinen kleinen Fäusten auf die Brust. Fritzi, Stella und
Miyuki kicherten. Montag hüpfte auf und ab und freute
sich ganz offensichtlich ebenfalls.

Stella platzte fast vor Stolz.

Mörtel platzte fast vor Neid. Eine Mischung aus
Warum-nicht-ich-Neid und *Freundschafts-Neid*. Eine ganz
schlechte Verbindung.

Er reckte den Hals über die Boxentür und guckte
missmutig nach vorn. »Also wenn ihr misch fragt: ein
ganz gewöhnlischör Affe. Aus dem Urwald. Sischör hat
er Läuse und frisst dicke, weiße
Madön! Igittigitt!« Keiner beachtete ihn. Das war für Mörtel
fast schlimmer, als wenn Fritzi
ihn zurechtgewiesen hätte.
Daher legte er noch einmal
nach: »Und was kann so
ein Urwaldaffe schon?

Herumliegön und doof in die Gegönd guckön. So!« Mörtel verzerrte das Gesicht und riss blöde die Augen auf. »Doof, doof, doof!«

»Was sagt Mörtel?«, fragte Stella.

»Dass ein Affe nichts kann«, antwortete Fritzi knapp.

»Das stimmt nicht«, antwortete Stella, »Montag kann Männchen machen, sich am Schwanz aufhängen und sogar tanzen!«

Als ob der Affe sie gehört hätte, sprang er flink auf ihre Schulter und wiegte sich in der Hüfte. Stella kraulte ihn am Bauch und er schmiegte sich an ihren Kopf. Die Mädchen waren hingerissen.

Mörtel schäumte. »Wenn das so ist: Dann kann isch ja gehön! Isch werde hier wohl nischt mehr gebraucht.« Er drehte den Mädchen eingeschnappt den Hintern zu.

Fritzi horchte auf. Was war denn jetzt los? Mörtel war ja neidisch bis unter die Ponymähne! Was hatte ihr Vater noch mal gesagt? Neidisch ist man nur, wenn man zu wenig beachtet wird?

Sie ging zu Mörtel und kraulte seinen Rücken, was er sich widerstrebend gefallen ließ. »Du bist der Allerallerwichtigste hier auf dem Hof.«

Mörtel brummte leise.

»Keiner kann so toll tanzen wie du.«

Stella prustete aus dem Hintergrund los.

Mörtel beachtete sie nicht und brummte schon etwas lauter.

»Und Miyuki studiert mit dir eine ganz neue Tanznummer ein.«

»Die nennen wir dann Pummelpony im Schnee!«, lästerte Stella. Fritzi gab ihr ein Zeichen, still zu sein.

Doch Mörtel überhörte Stella einfach und vergaß, dass er eigentlich beleidigt war: »Wirklisch, eine neue Nummör?«

»Stimmt's?« Fritzi sah zu Miyuki.

»Klar«, bestätigte Miyuki, »das wird der Hammer!«

»Abör das Flohvieh kommt nischt in die Manege!«

»Nein, auf keinen …«

»Fall«, wollte Fritzi sagen. Doch in diesem Moment sprang Montag von Stellas Schulter auf die Trennwand einer Pferdebox, entdeckte dahinter ein gekipptes Fenster und stieß einen hohen Schrei aus: »Uauauahuauahuuuh.« Dann huschte er durch den schmalen Spalt nach draußen.

Flink und gerissen sind Lemuren nämlich auch noch.

Stella starrte ihm wie vom Donner gerührt hinterher und konnte nichts tun. Sie war einfach nur starr wie ein Stock.

Die Mangofalle

Die Mädchen suchten verzweifelt den ganzen Hof ab, doch das Äffchen blieb verschwunden. Montag war nicht auf dem Reitplatz, er war nicht im Geräteschuppen und auch nicht in der Scheune. Ins Haupthaus konnte er genauso wenig geflüchtet sein, da dort alle Fenster verschlossen waren. Fragen konnten sie Herrn Kuchenbecker ja nicht, weil er bestimmt sehr geschimpft hätte, dass Stella den Affen mit auf den Hof gebracht hatte, ohne ihre Eltern zu fragen. Bei solchen Dingen hielten Erwachsene immer zusammen wie Sekundenkleber.

Mittlerweile war es Abend geworden und die Dunkelheit senkte sich schwer auf den Holzapfelhof herab. Unmöglich, jetzt noch weiterzusuchen!

Stella setzte sich völlig erledigt auf einen Strohballen:

»Morgen Abend kommen Mam und Pap wieder. Und übermorgen ist die Affenforscher-Versammlung! Die reißen mir den Kopf ab, wenn Montag bis dahin nicht wieder da ist!«

Fritzi setzte sich neben sie: »Mach dir keine Sorgen, den finden wir schon wieder.«

»Und wenn nicht? Der friert doch da draußen, so kalt, wie es ist!«

»Mist«, antwortete Fritzi nur und wusste auch nicht mehr weiter.

Miyuki überlegte. »Vielleicht können wir eine Futterfalle bauen!«

»Eine Futterfalle?«, wiederholte Stella verständnislos.

»Genau. Was mag Montag denn am allerliebsten?«

»Mhm«, überlegte Stella, »Mangos frisst er sehr gern. Davon kann er gar nicht genug kriegen. Aber wie soll so eine Futterfalle denn aussehen?«

»Passt auf«, erklärte Miyuki, »wir kaufen so viele Mangos, wie wir finden können. Heute Nacht, wenn alle schlafen, legen wir von draußen eine Mangospur bis in den Stall hinein. Montag hat doch bestimmt schon wahnsinnig Hunger. Und wenn er dann im Stall ist, machen wir – zack – das Fenster zu.«

»Genial!«, rief Stella und schöpfte neue Hoffnung.

Miyuki sah sehr geschmeichelt aus.

»Und was erzählen wir unseren Eltern, wo wir sind?«, wollte Stella wissen.

»Wir rufen sie an und sagen, dass wir jeweils bei einer der anderen übernachten.«

Und so rief Fritzi ihren Vater an und sagte ihm, sie würde bei Stella übernachten, Miyuki erzählte ihren Eltern, sie würde bei Fritzi schlafen, und Stella musste niemandem was erklären, weil ihre Eltern ja nicht da waren. Und ihre Tante Edelgund, die über ihnen wohnte und eigentlich auf sie aufpassen sollte, guckte die ganze Zeit nur Fernsehserien und merkte gar nichts. Stellas kleine Schwester hatten ihre Eltern, die van der Stocks, mitgenommen, da sie erst sechs war.

»Und was ist mit Herrn Kuchenbecker und Flavio?« Fritzi blickte zum Haupthaus hinüber, wo schon Licht brannte und man hinter den Vorhängen einen dunklen Schatten umhergehen sah.

»Herr Kuchenbecker macht am Abend seine letzte Runde durch den Stall«, sagte Stella, »da sind wir nicht da, weil wir einkaufen müssen. Danach geht er nicht mehr zu den Pferden. Und Flavio hat eh schon Feierabend.«

»Perfekt«, rief Miyuki, »dann nichts wie los, Mangos kaufen!«

Die Mädchen schwangen sich auf ihre Räder und pesten zum nächsten Supermarkt nach Hühnerberg. Ihr Taschengeld reichte noch genau für sieben Mangos und eine Tafel Schokolade. Schließlich brauchten ja auch sie etwas Verpflegung für die Nacht.

Sie rasten zurück und versteckten ihre Räder hinter dem Geräteschuppen. Dann huschten sie in der Dunkelheit zum Stall hinüber. Herr Kuchenbecker durfte sie auf keinen Fall sehen, falls er zufällig aus dem Fenster guckte.

Im Stall richteten sie sich ein Lager aus Heu und alten Decken her. Die Pferde guckten erstaunt, drehten sich aber wieder um, nachdem sie gemerkt hatten, dass es die Mädchen waren. Mörtel bekam von all dem gar nichts mit, denn er hatte sich am Hafer überfressen und lag nun schwer schnarchend auf dem Heuboden. »Chrrrrchhh«, ertönte es aus seiner Ecke. Die Mädchen sahen sich an und kicherten. Dass so ein kleines Pony so laute Töne von sich geben konnte!

Fritzi besorgte eine Taschenlampe und ein Messer aus dem Geräteschuppen. Sie schälten die Mangos, schnitten sie in Stücke und legten sie in einen Eimer. Dann kuschelten sich die Freundinnen aneinander und probierten die Schokolade.

»Eigentlich wäre es ganz gemütlich, wenn wir nicht aus so einem blöden Grund hier wären«, seufzte Stella.

»Stimmt! Aber ein bisschen wärmer könnte es sein.« Fritzi fröstelte.

»Dann wäre die Gefahr viel größer, dass wir einschlafen.«

»Stimmt auch wieder.«

»Ich geh mal nachschauen, ob Herr Kuchenbecker schon das Licht ausgemacht hat. Von der Bewegung wird mir auch ein wenig warm.« Miyuki stand auf und schlüpfte aus dem Stall.

»Die Luft ist rein!«, verkündete sie kurz darauf und winkte Stella und Fritzi zu sich.

Die beiden erhoben sich leise, um die Pferde nicht scheu zu machen. Stella nahm den Eimer und sie schlichen auf den Hof hinaus.

Die Nacht war sternenklar und wunderschön. Der Mond erhellte den Hof, sodass die Körper der Mädchen unheimliche, lange Schatten an die Stallwand warfen.

»Wir fangen aus drei Richtungen an und treffen uns am Eimer wieder«, wisperte Miyuki und nahm sich ihre Portion Mangostücke.

Stella und Fritzi schnappten sich ebenfalls eine Handvoll. Dann gingen alle drei in verschiedene Richtungen davon. Man konnte ja nicht wissen, wo Montag sich versteckt hatte.

Alle Geräusche klangen in der Nacht plötzlich ganz anders. So unheimlich und fremd. Ein Kauz rief von der großen Linde neben dem Haupthaus herunter. Der Schnee knackte, wenn man mit den Schuhen durch die oberste Schicht brach.

Neben Stella raschelte es auf einmal, und sie erschrak fürchterlich. Sie machte einen Satz und sprang zur Seite. Ein fürchterliches Jaulen ertönte. Es war Alfred, der graue Hofkater, dem sie gerade auf den Schwanz getreten war.

»Oh, entschuldige bitte«, wisperte Stella. Sie beugte sich hinab, um Alfred zu streicheln, doch der guckte nur beleidigt und schlüpfte um die Hausecke herum.

Von ihren Freundinnen war nichts zu sehen. Gruselig, dachte Stella, ich bin doch sonst nicht so ein Angsthase. Sie legte schnell ihre Mangospur aus und ging dabei rückwärts zum Eimer zurück. Auf einmal stieß sie gegen etwas Weiches.

»HA!«, schrie sie.

»HA!«, schrie das Weiche.

Stella drehte sich um. Puh! Es war nur Fritzi.

»Psst!«, machte Miyuki. »Ihr weckt ja Herrn Kuchenbecker auf.«

Mit klopfenden Herzen warteten sie darauf, ob im
Haupthaus Licht angehen würde. Nichts passierte.

»Glück gehabt«, flüsterte Fritzi.

»Puh«, dachte Stella noch einmal. Ihre Nerven spielten
ganz schön verrückt wegen Montag.

»Und jetzt die letzte Spur«, flüsterte Miyuki und begann, bis zum Stall Mangos auszulegen. Die anderen
beiden folgten ihr.

»Das vorletzte Stück kommt innen auf die Fensterbank!« Stella griff sich den Eimer und ging in den Stall zurück, um dort die Mangospur weiterzuführen.

»Und das letzte auf den Stallboden!«, sagte Fritzi. Sie legte ein besonders großes Stück direkt unter das Fenster.

»Wenn er sich das nehmen will, machen wir *schnapp* und haben ihn!«, freute sich Miyuki.

»Affen-Alarm!«, riefen die drei und klatschten sich mit den Händen ab. Die Pferde murrten in ihren Boxen. Schließlich wollten sie auch mal ihre Ruhe.

»Ja, wir sind ja schon still«, rief Fritzi leise und kicherte.

Die Mädchen legten sich auf ihr Heulager und beobachteten das Fenster.

Nichts passierte.

Nach einer Stunde war immer noch nichts passiert, auch nicht nach zwei und ebenso wenig nach drei Stunden. Fritzi gähnte und guckte auf ihre Uhr. Es war gerade mal zwei Uhr vorbei. »Ich hab's! Wir machen das so: Eine schläft und die anderen beiden passen auf. Dann wechseln wir ab.«

»Super Idee!«, antwortete Stella. »Und wer darf zuerst schlafen?«

»Ich finde, Miyuki, weil sie die Mangofalle erfunden hat«, antwortete Fritzi.

Damit war Miyuki sehr einverstanden, da sie offensichtlich kaum mehr die Augen offen halten konnte. »Weckt mich in zwei Stunden, ja?« Sie rollte sich auf die Seite und war sofort eingeschlafen.

»Meinst du, die Falle funktioniert wirklich?«, flüsterte Stella Fritzi zu.

»Bestimmt«, antwortete Fritzi. Dann sagten beide eine Weile nichts. Das war aber noch schwieriger, weil man dann noch viel leichter einschlummerte.

Fritzi dachte darüber nach, dass es sicher eine gute Gelegenheit wäre, um mit Stella über Mörtels Auftritte zu sprechen. »Ich habe mir überlegt, dass du auch mal mit Mörtel eine Nummer einstudieren solltest«, sagte sie.

»Mhm«, antwortete Stella.

»Vielleicht was Lustiges, das kannst du doch bestimmt gut.«

»Hrrch«, machte Stella fast wie Mörtel.

»Stella!«

Keine Antwort.

Fritzi richtete sich auf und sah zu ihrer Freundin hinüber. Stella schlief tief und fest. Na gut, dachte Fritzi, halte ich eben allein Wache. Sie setzte sich etwas bequemer hin und sah auf ihre schlafenden Freundinnen.

»Das ist ziemlich ansteckend, wenn ihr hier so kuschelig

pennt«, sagte sie leise, »und das Heu ist so schön weich!«
Sie ließ sich ein bisschen tiefer in ihr Lager sinken und
redete sich ein, dass sie so das Fenster viel besser im Blick
hatte.

Im Stall war es mucksmäuschenstill. Nicht einmal Mörtel schnarchte mehr.

»Ich darf jetzt bloß nicht einschlafen!«, murmelte
Fritzi wie eine Schlangenbeschwörerin. Nur dass die
Schlange in diesem Fall der Schlaf war. Und dieser sich
überhaupt nicht beschwören lassen wollte. »Bloooß nicht
einschlaaafffhhhrchch.« Fritzi fielen die Lider zu. Augenblicklich war sie weg.

Das Mondlicht fiel durch das Fenster auf den Stallboden
und warf einen hellen Schein genau auf die Stelle, wo das
letzte Mangostück lag. Die Pferde schliefen, die Mädchen
schliefen, alles sah aus wie in einem verwunschenen Dornröschenschlaf.

Fritzi träumte von Mörtel. In einem sternenglitzernden
(viel zu engen) Zirkuskostüm schnappte er sich gerade das
letzte Mangostück, kletterte auf die Fensterbank und flog
dann flink wie eine Amsel durch das Stallfenster davon.
Aber das war ja zum Glück nur ein Traum. Oder etwa
doch nicht?

Ober-Affen-Deppen-Schwachkopf-Trottelinen

»Was ist denn hier los?«

Herr Kuchenbecker hatte die Hände in die Hüften gestemmt und starrte auf die drei Stallmädchen, die auf ihrem Heulager schliefen.

Besser gesagt: geschlafen hatten, denn Herr Kuchenbeckers Schrei hatte Fritzi, Stella und Miyuki augenblicklich wach gemacht.

Stella blickte verwirrt um sich. Sie fragte sich selbst, warum sie im Stall war. Dann fiel es ihr schlagartig ein: »Montag!«, rief sie und sah suchend auf den Boden. Das letzte Mangostück war verschwunden.

»Nein, es ist nicht Montag, es ist Mittwoch, sieben Uhr.« Tadelnd sah Herr Kuchenbecker auf die Mädchen. »Müsst ihr nicht in die Schule?«

Fritzi sprang auf. »Doch, klar, wir sind schon weg!«

Die anderen beiden stan-
den ebenfalls auf, rafften
die Decken zusammen
und wollten sich davon-
machen.

»Moment, hiergeblieben!
Was war das hier für eine Mitternachtsparty?« Herr Kuchenbecker guckte beleidigt. »Da
hätte ich doch auch mitfeiern
können!«

Miyuki sammelte sich als Erste. »Das war keine Party,
Herr Kuchenbecker. Mörtel ging es gestern Abend nicht
so gut, Herr Kuchenbecker.« Erwachsene musste man
immer mit ihrem Namen ansprechen, wenn man sie über-
zeugen wollte, hatte sie mal gelesen.

Man konnte es aber auch übertreiben.

»Ja, da wollten wir ihn nicht allein lassen, Herr Kuchenbecker«, kam Stella ihr zu Hilfe.

»Soso«, sagte dieser wenig überzeugt und grinste.

»Wenn die Mädchen mich ständig mit dem Nachnamen
ansprechen, führen sie irgendwas im Schilde«, brummte
er leise. Laut sagte er: »Als ich meinen Rundgang gemacht
habe, ging es ihm aber noch gut.«

»Nein, er hatte Koliken, weil er sich am Hafer überfressen hatte«, bestätigte Fritzi.

»Das ist gelogön, isch habe misch ausgezeichnöt gefühlt«, protestierte Mörtel aus der Fohlenbox am Ende des Gangs, »nur war hier so eine Unruhe die halbe Nacht!« Aber das hörte Herr Kuchenbecker zum Glück nicht.

»Was sagt er?«, fragte er daher Fritzi.

»Er … äh, sagt, er hatte schreckliche Bauchschmerzen und wollte auf keinen Fall alleine sein«, übersetzte Fritzi. Manchmal war es sehr praktisch, dass sie die Einzige war, die Mörtel verstehen konnte.

»Abör nein«, rief Mörtel nun empört, »isch habe misch bessör gefühlt als je zuvor! Das bisschön Haför macht doch einöm Sportsfreund wie mir nischts aus!«

»Du bekommst nachher eine extra Bauchmassage gegen die … Koliken«, sagte Fritzi und zwinkerte Mörtel so zu, dass Herr Kuchenbecker es nicht sehen konnte.

»Ach so, jaja, die schrecklischön Kolikön«, verstand Mörtel auf einmal, »eine Bauchmassage, eine Sondörportion Leckerli und einön Morgönspaziergang an der frischön Luft.«

Es war klar, dass Mörtel die Situation schamlos ausnutzte. Aber er konnte prima »krankes Pony« spielen. Er begann zu stöhnen, als ob er ganz furchtbar leiden müsste.

»Das ist aber nett von euch Mädels, dass ihr euch so um die armen Tiere kümmert«, sagte Herr Kuchenbecker schmunzelnd. »Dann kommt gleich mal mit rein. Es gibt Kakao und frische Orangenmarmelade. Und der arme Mörtel bekommt nachher einen Öl-Einlauf gegen die Kolik.« Er zwinkerte den Mädchen zu und ging. »Aber bei der Mitternachtsparty«, murmelte er beim Rausgehen, »wäre ich trotzdem gern dabei gewesen.«

»Herr Kuchenbecker ist wirklich nett«, sagte Fritzi. »Komisch, dass er sich so eine garstige Frau ausgesucht hat. Na ja, die kommt hoffentlich nicht so schnell wieder!«

»Einön Öl-Einlauf?« Entsetzt starrte Mörtel Herrn Kuchenbecker hinterher. »Auf gar keinön Fall! Das mache isch nischt mit! Niemals!« Keiner beachtete ihn.

»Iiiih, Orangenmarmelade!«, stöhnte Stella stattdessen.

»Das ist doch jetzt völlig egal«, zischte Miyuki. »Viel schlimmer ist, dass unsere Mangofalle nicht funktioniert hat.« Sie sah auf die Fensterbank. »Noch schlimmer, sie HAT funktioniert, aber wir haben es VERPENNT!« Das Mangostück auf der Fensterbank war nämlich ebenfalls verschwunden.

»Oh nein!«, rief Fritzi und schlug sich die Hand vor die Stirn. Entsetzt starrten sich die Mädchen an.

»Mörtel, hast du was gesehen?«, fragte Fritzi.

»Isch? Nein, isch hatte ja die ganze Nacht schrecklische Kolikön.«

»Mörtel! Ich meine es ernst: Hast du was gesehen?« Mörtel streckte sich gemütlich. »Nein, isch habe so wunderbar geschlafön wie schon lange nischt mehr. Schlaf ist ja so furschtbar wichtig für einön Künstler! Ohne Schlaf ist ...«

»Ja, ist ja gut!«, sagte Fritzi unfreundlicher, als sie es gewollt hatte. Mörtel guckte eingeschnappt auf die Stallwand, wo eine Fliege vor sich hin döste.

»Mist! Ich gehe mal nachsehen, was mit den anderen Mangostücken ist«, sagte Stella und stapfte nach draußen.

Kurze Zeit später kam sie keuchend wieder. »Alle Mangos sind weg und es sind frische Pfotenspuren im Schnee. Sie führen vom Hof runter Richtung Wald!«

»Und den Rest Schokolade hat Montag auch gleich noch geklaut.« Fritzi hielt das leere Schokoladenpapier in die Luft.

»So ein Aas!«, rief Stella und kickte gegen die Stallwand.

»Wir Trottelinen«, schimpfte Fritzi, »wir Ober-Affen-Deppen-Schwachkopf-Trottelinen!«

91

»Bekomme isch jetzt bald meine Bauchmassage?«, beschwerte sich Mörtel von hinten.

»Mörtel«, rief Fritzi scharf, »es gibt jetzt wirklich Wichtigeres!«

Mörtel schäumte: »Isch habe ja gesagt, diesös ungebildöte Urwald-Vieh macht nur Ärgör. Abör auf misch hört ja keinör!«

»Wir müssen Montag finden!«, rief Stella verzweifelt. »Heute Abend kommen Mam und Pap wieder und morgen ist die Affenforscher-Versammlung!«

»Passt auf«, sagte Miyuki, »ich wette, Montag ist schon über alle Berge, satt ist er ja.«

»Dann finden wir ihn ja nie wieder!«, stöhnte Stella. »Bestimmt will er sich im Wäldchen auf einem Baum verstecken.«

Fritzi sah zu den Boxen. »Dann nehmen wir die Pferde.«

»Und was sagen wir Herrn Kuchenbecker?«, fragte Miyuki.

In diesem Moment ging die Tür auf und Flavio kam in den Stall. Er hatte gerade noch gehört, was Miyuki gesagt hatte.

»Na, was gibt es hier für Geheimnisse?«

Die Mädchen sahen sich an. Flavio war schwer in Ordnung, und es wäre gut, wenigstens einen Erwachsenen auf ihrer Seite zu haben.

»Soll ich?«, fragte Fritzi. Die anderen nickten.

Sie erzählte Flavio von Montag, dem Äffchen, dem Kongress und der Mangofalle, und dass sie einfach eingeschlafen waren.

Man sah Flavio an, dass er sich sehr anstrengen musste, nicht laut loszulachen. »Das ist natürlich ein bisschen … dumm gelaufen«, sagte er grinsend und kaute auf seinem Strohhalm, »aber das mit Herrn Kuchenbecker ist gar kein Problem. Der ist später, wie jeden Mittwochmorgen, beim Pferdezüchter-Stammtisch. Und wenn er da erst mal ist, kann das ewig dauern.«

»Und was machen wir mit der Schule?«, fragte Miyuki. Ihre Eltern konnten ziemlich streng sein, wenn es um gute Noten und solche Dinge ging.

Stella und Fritzi sahen sich an und sagten wie aus einem Mund: »Schwänzen!«

»Das ist schließlich ein absoluter Ausnahme-Sonder-Spezial-Notfall!«, sagte Stella, und Fritzi nickte.

Miyuki war aber nicht ganz überzeugt und verzog den Mund.

»Wie wäre das denn, wenn ich euch krankmelde?«, fragte Flavio. Er hängte beide Daumen in die Träger seiner blauen Latzhose. »Ich sage einfach, ihr musstet die Nacht im Stall verbringen und habt euch dabei erkältet. Stimmt ja ein bisschen.«

Man merkte Flavio einfach an, dass er noch sehr jung war und darum genau verstand, warum die Schule nicht immer das Wichtigste war im Leben.

Stella tat, als ob sie husten müsse. »Ich fühle mich schon ganz elend.«

Miyuki überlegte. »Ja, das könnte klappen.«

»Super, dann gehen wir jetzt schnell frühstücken«, beschloss Stella. »Mit leerem Magen kann ich nämlich nicht reiten.«

»Und ich sattle euch schon mal die Pferde«, sagte Flavio.

»Isch komme natürlisch mihit!«, ertönte es aus der Fohlenbox.

»Auf gar keinen Fall«, sagte Fritzi streng, »das ist nur was für große Pferde!«

»Oh doch! Mein Morgönspaziergang! Versprochön ist versprochön!« Mörtel schäumte fast vor Empörung. »Außerdem kann isch super Spurön erschnuppörn!«

»Also gut«, seufzte Fritzi. Schließlich musste man seine Versprechen auch halten. »Wer weiß, wofür wir dich brauchen können.«

»Formidaböl!« Zufrieden streckte Mörtel ein Bein

nach vorn und zog es wieder zurück. »Isch mache vorhör noch ein paar Lockerungsübungön. Dann bin isch noch schnellör. Und eins, und zwei, und eins …«

Während Mörtel sich locker machte, gingen Fritzi, Stella und Miyuki zu Herrn Kuchenbecker ins Haupthaus. Es gab dampfenden Kakao (erstaunlicherweise lecker!) und Brote mit selbst gemachter Orangenmarmelade. Die schmeckte dafür scheußlich, denn Herr Kuchenbecker hatte hier den Zucker wohl komplett vergessen. Aber die Mädchen ließen sich nichts anmerken.

Herr Kuchenbecker erzählte von seiner Zeit als Jockey. Damals hatte er viele Rennen gewonnen. Dabei goss er ihnen so lange Kakao nach, bis sie fast platzten. Die Schule fand er nun anscheinend nicht mehr so wichtig. Aber so richtig schmecken wollte es den Mädchen nicht: Montag war draußen in der Kälte und konnte jederzeit von wilden Tieren angefallen werden. Und sie saßen hier und mussten so tun, als ob bittere Orangenmarmelade ihre neue Lieblingsspeise wäre.

Das liebste Pony der Welt

 Professor Tendericks saß in einen Sessel versunken im Hotelzimmer und paffte eine Pfeife. Kleine Rauchkringel stiegen in die Luft und zerplatzten an der Zimmerdecke.
Die Füße des Professors steckten in einem Fußbad mit Lavendelmilch.

»Nichts entspannt mich besser als Lavendel«, murmelte er. Und Entspannung hatte er dringend nötig. Er hatte nämlich gerade Zeitung gelesen. Im *Hühnerberger Boten* war ein Foto von diesen Insektenforschern abgebildet.

»*Sensation!*«, stand da als Überschrift. Und weiter: »*Herr und Frau van der Stock bekommen am Freitag auf der Affen-Versammlung in Hühnerberg den großen Affenforscher-Sonderpreis verliehen. Für die Entdeckung des einzigen lebenden Weißen Lemuren auf der ganzen Welt.*«

Professor Tendericks pfefferte die Zeitung in eine Zimmerecke. »Da suche ich mein halbes Leben lang nach diesem einzigartigen Tier und wer findet es? Ausgerechnet zwei Ungezieferforscher! Und dann auch noch zufällig!« Professor Tendericks schnaubte. »Und ich, der große Affenforscher Archibald Tendericks, gehe mal wieder leer aus!«

Seine Wut war natürlich ein ganz klarer Fall von *Warum-nicht-ich-Neid*, aber das hätte der Professor niemals zugegeben.

Vor Wut verschluckte er sich fast an seiner Pfeife. Er starrte an die Zimmerdecke und sah zu, wie die Rauchkringel sich auflösten und verschwanden.

Auf einmal hatte er eine Idee. Wer sagte denn, dass die Insektenforscher den Affen auch wirklich vorzeigen konnten? »Vielleicht verschwindet das Tier ja auch ganz zufällig, wie ein Rauchkringel in der Luft?«, knurrte er. »Na wartet, ihr kennt Professor Tendericks schlecht! Na wartet!«

Die Idee begeisterte den Professor dermaßen, dass er beschloss, auf der Stelle sein Lavendelbad zu beenden und herauszufinden, wo diese van der Stocks wohnten.

Er zog die Füße aus dem Wasser, trocknete sie ab und schlüpfte in Socken und Pantoffeln. Dann verließ er das

Zimmer, fuhr mit dem Fahrstuhl nach unten und ging in die Stadt.

Inzwischen hatten Stella, Miyuki und Fritzi ihre frisch gesattelten Pferde von Flavio entgegengenommen. Fritzi ritt natürlich ihren Lieblingshengst Panagiotis, einen schönen Braunen, den fast nichts aus der Ruhe bringen konnte. Miyuki mochte Frida, eine kleine, muntere Norwegerstute, am liebsten, und Stella hatte eins der neuen Pflegepferde bekommen: Belamie, einen trotteligen Haflinger, der am liebsten faul im Stall herumstand und Heu fraß.

»Oh nein«, beschwerte sie sich bei Flavio, »muss ich ausgerechnet Belamie nehmen?«

»Er muss dringend mal bewegt werden«, sagte Flavio, »sonst friert er hier noch fest im Stall. Dafür sage ich auch Herrn Kuchenbecker nicht, was ihr vorhabt.«

»Wenn's sein muss«, seufzte Stella und schwang sich missmutig auf Belamies Rücken.

»Hoffentlisch hält er dann nischt den ganzön Trupp auf«, stöhnte Mörtel, während er ungeduldig im Hof herumtänzelte, »isch bin nämlisch fit wie ein Kampfkaninchön.« Keiner beachtete ihn.

»Also suchen wir als Erstes den kleinen Wald ab«, schlug Fritzi vor.

»Okay, dann nichts wie los«, rief Miyuki und setzte
Frida in Trab. »Im Wald soll es einen Wolf geben, hat Herr
Kuchenbecker erzählt. Er hat schon zwei Schafe gerissen.
Nicht, dass er sich das Äffchen holt!«
Stella lief es eiskalt den Rücken hinunter.
»Viel Glück!«, rief Flavio und winkte ihnen nach. Stella
und Fritzi folgten Miyuki. Mörtel trippelte hinterher. Wo
die großen Pferde einen Schritt machten, brauchte er mit
seinen kurzen Beinchen drei.

Sobald sie den Hof hinter sich gelassen hatten und auf
freiem Feld waren, fing Mörtel an zu jammern. »Halt, war-
töt auf misch! Nischt so schnell!«

»Hat da nicht vorhin jemand ziemlich angegeben?«,
fragte Fritzi und grinste.

»Wir warten vorn am Wald«, sagte Stella und trieb
Belamie zum Galopp an. Belamie hatte aber keine Lust und
machte lieber eine Art Trab-Schritt, sodass Stella kräftig
durchgeschüttelt wurde.

»Nie wieder nehme ich dieses Vieh!«, rief sie und hop-
pelte hinter den anderen beiden her.

Der Schnee stob in alle Richtungen auf, als die Hufe der
Pferde durch ihn hindurchpflügten. Fritzi freute sich, dass
Panagiotis so mühelos über die Wiesen galoppierte. Sie
ließ die Zügel lang, sodass er sich richtig austoben konnte.

Er schnaubte zufrieden und blies kleine Atemwölkchen in die Luft. Auch Frida konnte bei dem Tempo locker mithalten. Miyuki war eine gute Reiterin, die fast eins wurde mit ihrem Pferd. Belamie und Mörtel fielen jedoch immer weiter zurück. Fritzi und Miyuki hörten Stella aus der Ferne fluchen wie einen Pferdekutscher.

Dennoch war es ein toller Reitausflug, zumal sie so um eine Mathe-Doppelstunde herumkamen. Aber richtig genießen konnten sie ihn nicht, denn die Sorge um Montag machte sie fast verrückt.

Die drei trafen sich bei dem kleinen, dichten Wäldchen wieder, das bestimmt ein gutes Versteck für einen kleinen Affen bot.

»Wir teilen uns auf«, sagte Miyuki, als sie vor den ersten Bäumen stoppten. »Du reitest nach rechts, Stella nach links, und ich nehme die Mitte.«

Sie suchten jeden Baum ab. Guckten hinter die Büsche.

Verrenkten sich die Hälse, um in die lichten Baumkronen zu gucken – nichts. Montag blieb verschwunden.

»So ein Mist«, schimpfte Stella, als sie wieder zusammenkamen, »hätte ich bloß besser aufgepasst! Vielleicht ist er ja auch entführt worden?«

»Wer soll denn einen Affen entführen?«, antwortete Miyuki.

»Immerhin ist er ein sehr seltener und wertvoller Affe«, betonte Stella.

»Wir finden ihn schon!«, tröstete Fritzi sie. »Wir sollten in die Stadt reiten und dort Plakate aufhängen. Vielleicht hat ihn jemand gesehen.«

»Gute Idee«, wollte Miyuki ihr zustimmen, da ertönte ein grauenhafter Schrei. Ein Schrei, der so durchdringend war, dass er den Mädchen durch den ganzen Körper fuhr.

»Was war das?«, flüsterte Fritzi.

»Der Wolf?« Miyuki schauerte.

»Nein, das klang mehr wie ein …« Stella wagte es kaum zu sagen: »… ein Untier.«

»Wir müssen nachsehen.« Fritzi gingen schreckliche Dinge durch den Kopf. Vielleicht hatte der Wolf Montag gefangen und der hatte gerade seinen allerletzten Schrei ausgestoßen. Sie sah den anderen beiden an, dass sie das Gleiche dachten. Aber sie trauten sich alle nicht, den Gedanken auszusprechen.

Voller Angst ritten sie in die Richtung, aus der der Schrei gekommen war. Bei jedem dickeren Stamm, an dem sie vorbeiritten, hatten sie Angst, dass der Wolf noch dahinter lauern könnte. Doch es war weit und breit kein Wolf zu entdecken.

An einer großen Buche blieben sie stehen.

»Mhm, was machen wir denn jetzt?« Fritzi guckte ratlos in die Runde. Stella und Miyuki sahen genauso verwirrt aus, wie sie sich selbst fühlte.

»Ihr helft mir jetzt sofort hier heruntör, sonst, sonst …«

»Mörtel!« Fritzi sah sich um. »Wo bist du?«

»Mörtel?«, wunderte sich auch Stella.

Es war jedoch kein Tier zu sehen, erst recht kein Pferd, geschweige denn ein eingebildetes, dickes Zwergpony.

»Wenn ihr freundlischörweise mal nach obön blickön

würdet, anstatt da untön rumzuglotzön«, schimpfte Mörtel.

Fritzis Augen wanderten am Stamm entlang. Als sie oben angekommen waren, prustete sie los:»Das Untier!« Stella und Miyuki folgten ihrem Blick und mussten dann ebenfalls laut loslachen. Vor Schreck machte Frida einen kleinen Satz, aber Miyuki konnte sich gerade noch am Sattelknauf festhalten.

Mörtel hing oben in der Baumkrone. Gefangen in einem Netz aus geknoteten Seilen. Sein dicker Bauch war in sie hineingepresst wie eine Schnür-Salami, nur seine kurzen Beine ragten heraus. Es sah einfach bescheuert aus.

»Hört auf zu lachön und holt misch TUTTSWITT heruntör«, schimpfte Mörtel weiter.

Fritzi lag vor lauter Lachen regelrecht auf Panagiotis und kriegte sich nicht mehr ein.»Was sagt er?«, wollte Stella wissen.

»Wir sollen aufhören zu lachen und ihn SOFORT runterholen«, übersetzte Fritzi. Und da mussten die drei endgültig so sehr lachen, dass sie alle fast von ihren Pferden kullerten.

Das ist ja manchmal so komisch: Zuerst hat man riesige Angst und plötzlich ist man ganz erleichtert und wird dann umso alberner.

Mörtel schäumte.

»Isch zähle bis drei, wenn isch dann nischt untön bin, dann, dann …« Mörtel fiel nichts ein, womit er hätte drohen können. Er sah da oben in seiner Netzfalle auch nicht gerade Furcht einflößend aus. Fritzi übersetzte.

»Ich glaube, wir reiten jetzt mal auf unseren Pferden in die Stadt und drucken Plakate.« Stella grinste und zwinkerte den anderen beiden zu.

»Ja, wir mögen nämlich liebe Pferde am meisten«, stimmte Miyuki ihr zu.

»Das könnt ihr nischt machön! Isch verspreche, isch bin ab jetzt auch supörlieb und nett! Das liebste Pony der Welt«, rief Mörtel.

»Glauben wir, dass Mörtel ab jetzt ein ganz liebes Pony ist?«, fragte Fritzi.

»Hm, ich weiß nicht.« Stella guckte misstrauisch nach oben.

»Isch schwöre es bei meinör Ehre als Showpony!«

»Keine Sonderwünsche mehr?« Fritzi grinste.

»Nun ja, äh, vermutlisch, möglischörweise, fast, überhaupt, kaum, keine Sondörwünsche mehr.«

Das übersetzte Fritzi lieber anders: »Er schwört es.«

Miyuki sah nach oben. »Doch, ich denke, er hat was gelernt.«

»Na gut, dann holen wir den ›Fisch‹ mal an Land.« Fritzi sprang von Panagiotis und ging zu dem Seil, das vom Boden nach oben führte.

»Wir müssen das Ding durchschneiden und ihn dann langsam herunterlassen.« Stella hatte immer ein Taschenmesser in ihrer Jacke. Endlich konnte sie es mal benutzen. Die anderen beiden sprangen von ihren Pferden und gingen zu Fritzi.

»Wer baut denn hier so eine Netzfalle auf?«, wunderte sich Miyuki.

»Da ist ein Schild am Baum«, sagte Fritzi. »*Vorsicht, Lebendfalle! Ihr Förster.*« Sie sah nach oben. »Hast du das nicht gesehen?«

Mörtel grummelte nur vor sich hin.

»Warum machen die so was?«, wunderte sich Miyuki.

»Keine Ahnung, wahrscheinlich wollte der Förster den Wolf fangen.« Stella lief ein Schauer über den Rücken. Montag war immer noch der Kälte und wilden Tieren ausgeliefert. Rasch nahm sie ihr Taschenmesser und begann, das Seil durchzusäbeln. Fritzi und Miyuki hielten es währenddessen gut fest. Es war ziemlich dick, und Stella brauchte eine Weile, um es durchzukriegen. Mörtel war die ganze Zeit mucksmäuschenstill und versuchte angestrengt, ein liebes Pony zu sein.

Als das Seil durchtrennt war, ließen die Mädchen Mörtel langsam und Stück für Stück herunter – was nicht ganz einfach war, denn Mörtel war ziemlich schwer. Die Mädchen stöhnten und stemmten sich mit ihren Körpern in den Boden. Das Seil schnitt ihnen in die Hände. Kurz bevor Mörtel unten war, wieherte Frida auf einmal laut auf. Vor Schreck ließ Miyuki das Seil los. Es gab einen Ruck – Fritzi und Stella konnten das Gewicht nicht allein halten und mussten ebenfalls loslassen. Mörtel plumpste auf den Boden wie ein Sack Kartoffeln.

»Auuuuuh! Ünverschämtheit!«, polterte er los. »Was fällt eusch ein …« Er streckte hilflos alle vier Beine in die Luft und paddelte herum wie ein Schlauchbootfahrer, dessen Boot mitten auf dem See die Luft ausgeht. So verhedderte er sich aber nur noch mehr in dem Netz. Gerade wollte er zu einer neuen Schimpftirade ansetzen, da fiel ihm ein, dass er ja versprochen hatte, ein liebes Pony zu sein. Sofort plinkerte er die drei Mädchen mit seinen großen Augen an: »Das war üböraus freundlisch von eusch, meine drei Retterinnön, dass ihr misch so hervorragend runtörgelassön habt! Ganz formidaböl, wirklisch!«

Fritzi übersetzte grinsend, während sie Mörtel aus dem Netz befreite. Er schüttelte sich einmal kurz und prüfte, ob seine vier Beine in Ordnung waren. Dann ging er zu jedem Mädchen, um ihm zum Dank einen schlabberigen Kuss zu geben. Er konnte wirklich sehr lieb sein, wenn er wollte.

»Nun aber nichts wie ab nach Hühnerberg!«, rief Stella und wischte sich Mörtels Schlabber von der Wange. Sie musste immer an den armen Montag denken.

Die drei sprangen auf ihre Pferde und galoppierten durch den Schnee in Richtung Stadt. Na gut, Belamie verfiel in seinen vertrauten Trab-Schritt, sodass Stella wieder ziemlich durchgeschüttelt wurde, und Mörtel trippelte ohnehin einen halben Kilometer hinter ihnen her. Diesmal schimpfte er aber komischerweise kein bisschen. Er brummte nur leise vor sich hin: »Alles nur wegön diesör schrecklischön Läuseschleudör!«

Aber das hörte ja keiner.

Fang den Bock

»Toll hast du das hingekriegt!« Fritzi sah Miyuki, die gerade das Plakat malte, über die Schulter. »Du kannst wirklich super zeichnen.«

Denn das gibt es auch, dass man etwas gut finden kann, ohne eine Spur neidisch zu sein.

Miyuki hatte Montag wirklich sehr gut getroffen: sein schwarzes Köpfchen, das seidenweiche Fell, den lustigen Schneckennudelschwanz – genau so sah er aus. Darunter stand in Schönschrift:

SELTENES WEISSES AFFCHEN VERMISST! BELOHNUNG!

Wovon sie die Belohnung allerdings bezahlen sollten, war den dreien noch nicht ganz klar, aber das würde sich dann schon irgendwie ergeben.

»Notfalls müssen wir uns was von Flavio leihen und das dann abarbeiten.« Stella machte eine Bewegung, als ob sie einen Stall ausmisten würde.

»Davon machen wir jetzt hundert Kopien und hängen sie überall aus«, sagte Fritzi.

»Und wovon zahlen wir die Kopien?« Miyuki runzelte die Stirn.

»Kein Problem!« Stella griff in ihre Jackentasche und holte großspurig einen 50-Euro-Schein heraus. »Den haben mir meine Eltern für Notfälle dagelassen.«

»Und das ist ja wohl ein absoluter Notfall«, sagte Miyuki.

Stella legte die Zeichnung auf den Kopierer, gab die Zahl 100 ein und drückte auf START. Augenblicklich ratterte der Kopierer los. Zufrieden beobachteten die Mädchen, wie der Stapel mit den Suchzetteln wuchs und wuchs.

Miyuki blickte nach draußen, wo sie die Pferde an einem Laternenpfahl angebunden hatten. Gerade kam Mörtel japsend um die Ecke getrippelt. Er sah ziemlich mitgenommen aus. Miyuki grinste. Eine junge Frau blieb vor ihm stehen und schien sich besorgt nach seinem Zustand zu erkundigen. Augenblicklich hellte sich sein Gesicht auf und er strahlte. Miyuki wunderte sich über Mörtels plötzliche Veränderung und trat näher ans Fenster. Die Frau streichelte ihm über den Kopf und fragte ihn offenbar etwas. Man konnte sehen, dass Mörtel das schamlos ausnutzte. Er verzog das Gesicht und begann ausgiebig zu jammern.

»Das ist ja seltsam«, wunderte sich Miyuki, »das sieht so aus, als ob sie ihn versteht. Wirklich komisch.«

Doch ihre Freundinnen beachteten sie nicht, da Fritzi ein Blatt aus dem Kopierer genommen hatte und sich nun mit der Hand an die Stirn schlug. »Wir sind ja so dämlich!«

»Wieso?«, fragte Stella verständnislos. »Sieht doch gut aus!«

Jetzt sah auch Miyuki auf das Blatt und erkannte den Fehler sofort: »Ich glaube es nicht!«

»Was ist denn …?«

»… los«, hatte Stella fragen wollen, doch nun wurde auch ihr schlagartig klar, was das Problem war. »Wir Trottel haben vergessen draufzuschreiben, wo man sich melden soll!«

Der Kopierer machte einen Seufzer und spuckte die

einhundertste Seite aus. Die einhundertste Seite ohne Telefonnummer, genauer gesagt.

Stella nahm das Bündel, stöhnte auf, ging damit zur Kasse und sagte: »Dazu Reißzwecken, Klebestreifen und drei Stifte, bitte!« Sie bezahlte mit dem 50-Euro-Schein ihrer Eltern, ging zum Tisch neben dem Kopierer zurück und teilte den Stapel in drei etwa gleich große Haufen. Dann drückte sie Fritzi und Miyuki einen Stift in die Hand und sagte: »Bitte alle mitschreiben!«

Genau hundert Mal kritzelten Stella, Fritzi und Miyuki auf die Blätter die Nummer des Handys, das Stella von ihren Eltern bekommen hatte. Danach taten ihnen die Hände fast noch mehr weh als nach Mörtels Rettung.

Die Mädchen stürmten aus dem Kopierladen und teilten sich auf.

Die Frau war verschwunden, aber Mörtel sah seltsam zufrieden aus, fand Miyuki. Doch sie hatte keine Zeit, länger darüber nachzudenken, da es jetzt Wichtigeres zu tun gab.

Die drei hängten an jeden Baum, jede Litfaßsäule und jede Straßenlaterne der Stadt das Bild von Montag. Als nur noch wenige Blätter übrig waren, trafen sie auf dem kleinen Marktplatz von Hühnerberg wieder zusammen.

»Jetzt hängen wir den Rest an Orten auf, wo immer viele Leute hinkommen«, schlug Fritzi vor.

»Super Idee, da drüben ist ein Kiosk.« Stella marschierte sofort los und wedelte mit den Suchzetteln. Die anderen beiden folgten ihr.

»Können wir das hier aufhängen?« Stella hielt einen der Zettel in die Luft.

Der Kioskbesitzer war gerade dabei, ein paar Kaugummiboxen aufzufüllen. »Zeigt mal her, was ihr da habt.« Er nahm den Zettel, setzte sich eine Brille auf die Nase und sah sich das Bild ausgiebig an. »Ein Äffchen, soso. Das ist ja seltsam.«

Stella runzelte die Stirn. »Das ist nicht seltsam. Das ist ein total kostbarer Weißer Lemur aus Madagaskar!«

»Schon gut, schon gut.« Der Kioskbesitzer grinste. »Ich meinte doch nur, es ist seltsam, dass heute schon einmal jemand nach dem Äffchen gefragt hat.«

Er zeigte auf das Bild. »Das ohne jeden Zweifel eines der hübschesten Äffchen ist, die ich je gesehen habe!« Nun grinste er noch viel mehr.

»Es hat jemand nach dem Äffchen gefragt? Wer?« Fritzi beugte sich aufgeregt über die Kiosktheke.

»Eigentlich hat er nach einer Adresse gefragt, aber dabei hat er auch etwas von einem Äffchen gemurmelt.«

113

»Nach einer Adresse? Nach welcher denn?«, fragte Miyuki.

»Lasst mich mal nachdenken.« Der Kioskbesitzer rollte die Augen nach links, dann rollte er sie wieder nach rechts. Sein großer Schnurrbart schnuffelte hin und her.

Fritzi, Stella und Miyuki platzten fast vor Ungeduld.

»Ich hab's! Er wollte wissen, wo die Familie Fang den Bock wohnt.« Zufrieden lehnte sich der Kioskbesitzer zurück und verschränkte die Arme. »Ich habe ihm dann gesagt, er soll bei der Post nachfragen, die kennen jeden hier.«

»Familie Fang den Bock?«, sagte Stella. »Nie gehört!«

Fritzi überlegte. »Könnte es sein, dass Sie den Namen falsch verstanden haben? Bitte denken Sie noch mal nach, es ist sehr wichtig!«

Der Kioskbesitzer rollte noch einmal die Augen nach links und wieder nach rechts. Der Schnurrbart schnuffelte.

»Es könnte auch sein, dass die Familie ›Fang den Stock‹ hieß«, sagte er dann.

»Van der Stock«, jubelte Stella, »das sind wir! Meine Eltern!«

»Wer war der Mann?«, wollte Miyuki wissen.

Ganz ohne Augenrollen erklärte der Kioskbesitzer

ihnen, dass es sich um einen berühmten Professor aus England gehandelt habe, der sich im besten Hotel von Hühnerberg einquartiert hatte. Das hatte der Professor nämlich ausdrücklich betont.

»Wie der hieß, habe ich vergessen«, sagte der Kioskbesitzer bedauernd, »aber er war ganz kariert gekleidet und hat sich Pfeifentabak gekauft.«

»Und welches ist das beste Hotel der Stadt?«

»Das ist das Hotel mit roten Läden und goldenen Türmchen am Stadtrand. Liegt auf einem kleinen Hügel.«

»Und wie heißt das?«, wollte Miyuki wissen.

»Sage ich doch: *Hotel mit roten Läden und goldenen Türmchen*«, wiederholte der Kioskbesitzer. »Sie haben es einfach so genannt, weil es rote Fensterläden und …«

»Jaja, danke«, unterbrach ihn Stella, »nichts wie hin! Bestimmt hat dieser Professor Montag gefunden. Den knöpfen wir uns vor.« Die Mädchen rannten zu den Pferden, die sie am Kopierladen hatten stehen lassen. Sie stiegen auf und ritten in Windeseile zum Stadtrand. Bald schon konnte man den kleinen Hügel sehen, auf dem das *Hotel mit roten Läden und goldenen Türmchen* stand. Mörtel trippelte bestens gelaunt fünfhundert Meter hinter ihnen her. Fritzi hätte schwören können, dass er sogar ein fröhliches Liedchen pfiff. Seltsam, dass er plötzlich so gute Laune hatte.

Blöd! Miyuki und ihre Freundinnen konnten nicht hören, was die junge Frau zu Mörtel gesagt hat. Also hier noch mal zum Nachlesen:

Junge Frau: »*Du armes Pony, du bist ja ganz kaputt!*«

Mörtel: »*Ja, isch musste all diese lahmön Pferde vom Holzapfelhof anführön.*«

Junge Frau: »*Ach, wohin wollt ihr denn?*«

Mörtel: »*Wir suchön einön ausgebüxtön Affön.*«

Junge Frau: »*Einen Affen? Das ist ja interessant.*«

Mörtel: »*Ach, nur eine dumme, kleine Flohschleudör, wenn Sie misch fragön.*«

Junge Frau: »*Oh nein! Lemuren sind sehr schlau! Hoffentlich passiert ihm nichts!*«

Mörtel: »*Bestimmt nischt! Isch bin ja dabei, kein Problem!*«

Junge Frau: »*Super! Sagst du mir Bescheid, wenn ihr ihn habt? Ich bin …*« *Gurrguguguuhgurrr …*

Mist, gerade als es spannend wurde, kam ein Taubenschwarm am Himmel vorbeigeflattert und fing an, so laut zu gurren, dass man nichts mehr verstehen konnte. Jammerschade!

Der lebende Turm

Niri hatte sich hinter der Hausecke versteckt und abgewartet, bis
Stella, Miyuki und Fritzi davon-
geritten waren.

»Er ist ihnen also ausgebüxt, hihi.«
Niri kicherte. »Ich muss ihn unbedingt
vor ihnen finden!« Sie sah in den Himmel hinauf und rief:
»Gugu! Gurr! Und alle anderen Täubchen! Ich brauche
euch jetzt dringend!«

Niri breitete die Arme aus und wartete. Bald flatterten von allen Seiten Vögel heran und landeten auf ihren
Armen.

»Hallo, das ging ja fix«, sagte Niri und lachte.

»Guguguguuh, Gurrgurr«, machten die Tauben freundlich.

»Hört gut zu, ihr lieben Täubchen. Ich suche einen klei-

nen, weißen Affen. Es ist sehr wichtig, ihn bald zu finden, denn es ist viel zu kalt für ihn da draußen. Könnt ihr ihn für mich suchen?«

»Guguguguuh, Gurrgurr«, machten die Tauben noch einmal. Das sollte wohl »Ja, gern« heißen.

»Toll, dann setze ich mich da drüben auf die Bank und warte. Und wenn ihr wiederkommt, gibt es zur Belohnung wieder Pommes frites.«

Die Vögel flatterten so schnell davon, wie sie gekommen waren. Niri ging über die Straße zu der Bank und sah dabei den Tauben nach, die schon hoch oben am Himmel flogen. Beinahe wäre sie daher gegen einen älteren Herrn gestoßen, der gerade die Straße überquerte.

»Pardon!«, rief sie, und der Herr blickte erschreckt auf.

Er hatte eine Pfeife im Mund und war ganz kariert gekleidet.

Der Professor sah die junge Frau überrascht an. »Sie sind das! Ich hätte Sie fast nicht erkannt in Ihrem Mantel.« Er bemühte sich, sie freundlich anzugucken. Schließlich sehen sich auch die Bonobo-Affen freundlich an, dachte er, die friedlichste Affenart überhaupt.

»Stimmt«, sagte Niri und lächelte. »Vielen Dank noch mal für das Geld, ich habe mir davon auch noch Schuhe gekauft.« Sie zeigte auf ihre silbernen Turnschuhe.

»Mantel **und** Schuhe«, wunderte sich Professor Tendericks, »wie viel Geld habe ich Ihnen denn gegeben?«

Niri gab keine Antwort, sondern eilte winkend über die Straße und ging zu der Bank, auf der sie die Tauben kennengelernt hatte.

Der Professor blickte Niri verwundert hinterher. »Irgendwo habe ich das Mädchen früher schon mal gesehen, aber wo nur?«, murmelte er. Er grübelte.

»Was soll's, wird schon nicht so wichtig sein.« Er schüttelte, verärgert über sein schlechtes Gedächtnis, den Kopf und ging weiter.

Es war kalt und zugig. Besonders von unten. Er sah an sich herunter.

»Pantoffeln! Ich habe ja nur Pantoffeln an! Ich werde wirklich immer vergesslicher«, grummelte er noch verärgerter und schlurfte weiter. Die Bonobo-Freundlichkeit war da schon wieder verflogen.

In der Zwischenzeit waren Fritzi, Miyuki und Stella beim *Hotel mit roten Läden und goldenen Türmchen* angekommen. Es war ein schönes, altes Haus mit, ja tatsächlich, roten Fensterläden und goldenen Türmchen. Sie brachten die Pferde hinter das Hotel und banden sie an einen Baum.

»Ich geh einfach mal rein und frage nach dem Professor«, rief Stella und verschwand in dem Gebäude.

In der Hotelhalle saß eine freundliche Dame an der Rezeption, die ihr nach langem Zaudern und Zögern verriet, dass hier tatsächlich ein Professor wohne, der Affenforscher sei, er aber gerade nicht da sei, da er in der Stadt Mangos kaufen wolle.

»Vielen Dank«, sagte Stella und wollte schon wieder rausgehen. Da fiel ihr noch etwas Wichtiges ein: »Welche Zimmernummer hat er denn?«

»Das darf ich Ihnen wirklich nicht sagen«, sagte die Rezeptionsdame und verschränkte die Arme.

Stella sah an das Schlüsselbord, an dem nur drei Zimmerschlüssel hingen. »Ich weiß, er ist auf 117!«

»Aber nein, er …« Da merkte die Rezeptionsdame selbst, dass sie auf Stellas Trick reingefallen war.

Stella lächelte zufrieden und verabschiedete sich.

»Er hat ihn«, rief sie alarmiert, als sie wie eine Silvesterrakete aus dem Hotel geschossen kam. »Er ist gerade in der Stadt, Mangos kaufen für Montag! Und er ist Affenforscher! Seine Zimmernummer ist 214 oder 212. Also auf jeden Fall im zweiten Stock.«

»Das ist die Gelegenheit, Montag zu befreien!« Fritzi wollte gleich losstürmen.

»Stopp!« Miyuki hielt sie am Mantelärmel fest. »Wir können doch da nicht einfach so reinmarschieren und in sein Zimmer gehen.«

»Stimmt auch wieder.« Fritzi überlegte und sah an den Fenstern des Hotels hoch. »Außerdem sollten wir erst mal rausfinden, ob Montag wirklich da drin ist. Sonst kriegen wir ganz umsonst Ärger, falls uns jemand erwischt.«

Mörtel, der die ganze Zeit ruhig zugehört hatte, schaltete sich ein: »Isch weiß! Wir bauön einön lebendön Turm.«

Fritzi übersetzte für die anderen.

»Einen lebenden Turm?« Stella guckte skeptisch nach oben. »Der Professor wohnt im zweiten Stock!«

»Abör natürlisch, das ist kein Problem! Panagiotis

steht ganz untön. Isch obendrauf. Isch bin schließlisch sehr kräftig und stark, wenn isch das hier kurz erwähnön darf …« Mörtel sah Fritzis Blick und hörte schnell auf, sich selbst zu loben. »Jedönfalls: Auf mir sitzt Fritzi und auf ihrön Schultörn das leichteste Mädchön. Das zusammön müsste bis zum Fenster reischön. Tuttswitt!«

Fritzi erklärte den anderen beiden Mörtels Plan, und sie beschlossen einstimmig, es zu versuchen. Stella sollte Schmiere stehen und den lebenden Turm an die richtige Stelle lotsen.

Sie führten zunächst Panagiotis vor die Hauswand des Hotels. Fritzi erklärte ihm, dass gleich Mörtel auf ihn draufspringen würde, damit sich Panagiotis nicht zu Tode erschreckte. Panagiotis sah sie zweifelnd an, als ob er sie verstehen würde. Dann nahm Mörtel Anlauf, sprang hoch, klammerte sich an Panagiotis' Hintern … und rutschte ab. Die Mädchen kicherten.

»Ünverschämtheit! Isch habe genau gesehön, dass Panagiotis einen Schritt nach vorn gegangen ist«, beschwerte sich Mörtel.

Die Mädchen hatten hingegen genau gesehen, dass Panagiotis steif wie ein Betonklotz stehen geblieben war.

»Wir geben ihm Hilfestellung, wie beim Reckturnen«, flüsterte Stella. Mörtel nahm wieder Anlauf. Und als er absprang, packten ihn die drei und hievten ihn am Hintern auf Panagiotis hinauf.

Triumphierend reckte er dort oben seine Nüstern in die Höhe:»Seht ihr, das schafft man nur mit regelmäßigöm, hartöm Training!«Panagiotis verdrehte einmal mehr genervt die Augen, blieb aber erstaunlich ruhig stehen. Er war schon ein sehr vernünftiges Pferd.

Fritzi kletterte mühelos auf ihn und setzte sich auf Mörtel.»Bin ich nicht zu schwer?«

»Abör nein, isch habe ja gesagt, dass isch sehr stark bin. Ihr könnt gerne alle drei auf misch klettörn!«Mörtels Beine begannen bereits, ein wenig zu zittern.

»Komm schnell, Miyuki, ich glaube, Mörtel bricht gleich zusammen!«, rief Fritzi.

»Freschheit! Isch stehe sichör wie ein Fels!«

Miyuki kletterte auf Panagiotis, dann auf Mörtel, und von dort setzte sie sich auf Fritzis Schultern. Mörtel keuchte.

»Toll, die Hühnerberger Stadtmusikanten!«, spottete Stella von unten.

Zum Glück konnte den Turm hinter dem Hotel niemand sehen, er wäre sonst sicher misstrauisch geworden.

Miyuki reckte sich nach oben und klammerte sich am nächsten Fenstersims fest. Vorsichtig linste sie in das

Zimmer hinein. »Guten Tag!«, sagte sie und zog schnell den Kopf ein.

»Mist, da kam grade jemand aus der Dusche. Und es war eindeutig kein karierter Herr!«

Die anderen beiden kicherten.

»Nächstes Fenster!« Stella nahm Panagiotis am Zaumzeug und führte ihn vorsichtig ein Zimmer weiter. Mörtels Beine zitterten noch mehr.

Miyuki hangelte sich wieder an das Fenster heran und guckte vorsichtig hinein. »Das Zimmer ist leer. Aber ich sehe einen karierten Hut ... und ein Affenbuch liegt auf dem Tisch.«

»Bingo«, rief Stella von unten, »das ist sein Zimmer!«

»Und da ist noch was. Moment.« Miyuki stellte einen Fuß auf Fritzis Schultern, klammerte sich am Fenstersims fest und stellte den zweiten Fuß auf Fritzis andere Schulter. Dann richtete sie sich auf. Mörtel bebte.

»Sei vorsichtig«, warnte Stella sie.

»Da ist ein Käfig! Mit einem gepunkteten Tuch darüber!«

»Montaaag!«, jubelte Stella von unten.

»Montaaag!«, jubelte auch Fritzi.

Mörtel wackelte nun wie ein Vanillepudding.

Jetzt schrie auch Miyuki »Montaaag!« und klatschte dabei in die Hände.

Manchmal reicht so eine winzige Kleinigkeit aus, um etwas komplett aus dem Gleichgewicht zu bringen. Die Kleinigkeit führte dazu, dass Mörtel die Beine wegknickten. Seine Hufe rutschten auseinander, und der lebende Turm fiel in sich zusammen wie ein Haufen Bauklötze.

»Aaaah!«, schrien Fritzi und Miyuki und purzelten auf den Boden.

Stella rannte sofort zu ihnen. Miyuki hatte sich etwas die Hand aufgeschürft, als sie auf dem Splitt des Hofs gelandet war, Fritzi tat das Knie ein bisschen weh, und ihre Hose war voller Schneematsch. Jetzt war sie von Kopf bis Fuß dreckig, aber ansonsten war alles okay.

Die Mädchen setzten sich auf und sahen besorgt zu den Pferden. Mörtel hing mit gespreizten Beinen auf Panagiotis' Hintern und war dabei, langsam hinunterzurutschen. Panisch versuchte er, sich an Panagiotis' Schweif festzuklammern. Panagiotis versuchte hingegen, ihn zu verjagen wie eine lästige Fliege. Es sah einfach bescheuert aus. Bevor die Mädchen Mörtel helfen konnten, landete er mit einem kräftigen Plumps auf dem Boden.

Dort reckte er selbstgefällig den Kopf und verkündete: »Isch sagte es doch, allös nur eine Frage des Trainings!«

Die Mädchen sahen sich an und brüllten los. Sie mussten so lachen, dass sie sich auf dem Schneeboden hin und her kugelten. Auch deshalb, weil sie so froh waren, dass sie den kleinen Affen wiedergefunden hatten.

Wie sie an Montag herankommen sollten, wussten sie allerdings immer noch nicht.

Falsche Affen

Professor Tendericks schlurfte in
die Hotelhalle des *Hotels mit roten
Läden und goldenen Türmchen* zurück.
Er freute sich, dass er zwei schöne,
reife Mangos ergattert hatte und
nun wusste, wo diese Insektenforscher
wohnten. Seine Füße waren mittlerweile so kalt wie zwei
Eisklumpen. Er wollte sich nur schnell den Zimmerschlüssel holen und es sich dann mit einem Fußbad gemütlich
machen.

Die nette Frau an der Rezeption zeigte jedoch auf eine
Sitzecke in der Halle und sagte: »Sie werden erwartet«, als
sie ihm den Schlüssel reichte.

Verwundert und zugleich verärgert, dass sein Fußbad
nun warten musste, ging der Professor zu einem Sessel, in
dem eine Dame mit dem Rücken zu ihm saß. »Sie wollten
mich sprechen?«

127

Die Dame drehte sich um. Sie hatte eine Brille vorn auf der Nasenspitze, über die hinweg sie ihn anblinzelte, und war etwa so alt wie er. »Lieber Herr Kollege, wie schön, dass ich Sie hier treffe!«, zwitscherte sie nun.

»Ich verstehe nicht …« Verwirrt lächelte der Professor die Dame an, die er noch nie in seinem Leben gesehen hatte. Da war er sich ganz sicher. Na ja, fast zumindest. Ihr Lippenstift war knallpink und sie strahlte übers ganze Gesicht. Alles an ihr schien zu klimpern.

»Aber erinnern Sie sich nicht, mein verehrter Herr Professor Tendericks, die Affenforscher-Versammlung in, in, … äh, Massachusetts?!«

Der Professor erinnerte sich weder an eine Affen-forscher-Versammlung in Massachusetts noch wollte sein Gedächtnis ausspucken, wer um alles in der Welt diese Dame war.

Ich werde wirklich langsam schusselig, dachte er, aber das lasse ich mir lieber nicht anmerken. Sonst heißt es am Ende, der Professor wird alt. Der Professor schafft es nicht mehr. Den Professor kann man nicht mehr ernst nehmen. Das darf auf gar keinen Fall passieren!

Daher antwortete er: »Natüüüürlich! Wie könnte ich das vergessen. Was war noch mal Ihr Fachgebiet?«

»Ähm, … das Nahrungsverhalten der Menschen …

äh …affen. Aber wir wollen doch nicht über mich reden, wenn ich so einen bedeutenden Mann vor mir habe! Was machen Ihre Forschungen, lieber Herr Professor?«

Die Dame hakte sich bei ihm unter und schob ihn in einen sehr weichen und sehr tiefen Sessel. Dabei zog sie seinen Zimmerschlüssel aus der Manteltasche und warf ihn hinter den Sessel. Dort versteckte sich ein Mädchen, das den Schlüssel geschickt und geräuschlos aufsammelte und dann ebenso leise damit verschwand.

Professor Tendericks konnte nicht wissen, dass er keine Affenforscherin, sondern die Besitzerin des besten italienischen Restaurants der Stadt vor sich hatte, die ihm nun mit großen Augen zuhörte, wie er von seinen Forschungsergebnissen berichtete.

Es ist selten genug, dachte er geschmeichelt, dass sich jemand so für meine Arbeit interessiert. Und er redete und redete und redete.

Kurz darauf schlichen sich Fritzi, Stella, Miyuki und Mörtel (er hatte natürlich wieder darauf bestanden, mitzukommen) durch die Hotelhalle, als die Frau an der Rezeption sich gerade umgedreht hatte, und huschten in den Fahrstuhl.

Die Tür schloss sich und Stella drückte auf Stockwerk

zwei. Der Fahrstuhl ruckelte und zuckelte … und blieb stehen. Oben leuchtet ein Schild rot auf: ÜBERLADEN!

»Mörtel! Du bist zu schwer!« Stella grinste und machte die Tür für ihn auf.

»Isch? Ünverschämtheit!«, schimpfte Mörtel. »Vielleicht ist es ja auch Miyuki?« Mörtel sah an Miyuki hoch und runter. »Sie scheint mir in letztör Zeit ein bisschön mollig gewordön zu sein.«

Fritzi sah die kleine, zierliche Miyuki ebenfalls an und sagte: »Wohl kaum.«

»Isch bin ein Pferd, isch kann keine Treppön steigön«, brummte Mörtel und tat so, als ob er sich brennend für ein Schild mit Notrufnummern interessieren würde.

Fritzi übersetzte alles.

»Na gut«, seufzte Miyuki, »ich laufe! Sonst dauert das noch ewig.« Sie trat aus dem Fahrstuhl und ging Richtung Treppenhaus.

Fritzi drückte noch einmal auf die Zwei und der Fahrstuhl setzte sich anstandslos in Bewegung.

»Seht ihr, es war Miyuki«, stellte Mörtel fest. Fritzi übersetzte und sah kopfschüttelnd zu Stella.

Aber Stella war mit den Gedanken woanders. »Ich freue mich schon so auf Montag!«, sagte sie. Fritzi nickte.

Diesmal schüttelte Mörtel den Kopf.

Vor der Zimmernummer 212 zog Fritzi den Schlüssel von Professor Tendericks aus der Jackentasche und flüsterte:»Wir müssen uns beeilen! Ewig hält Tante Rosa Maria das mit dem Bewundern nicht durch.«

Fritzi hatte nämlich, nachdem sie sich im Hof kugelig gelacht hatten, plötzlich eine Idee gehabt, wie sie in das Zimmer von Professor Tendericks kommen konnten. Sie war auf Panagiotis zu Tante Rosa Maria galoppiert und hatte ihr keuchend von ihrem Problem mit dem geklauten Äffchen berichtet. Tante Rosa Maria liebte Tiere und war sofort bereit gewesen, ihnen zu helfen.

Sie war zusammen mit Fritzi auf Panagiotis zum *Hotel mit roten Läden und goldenen Türmchen* geritten. Und nun saß Tante Rosa Maria in der Hotelhalle und führte Fachgespräche über Affen. Was ganz leicht war, da sie einfach den Professor reden ließ und hin und wieder ein bewunderndes »Oh, wirklich!« ausstieß.

Fritzi steckte den Schlüssel in das Schloss, drehte ihn um und öffnete die Tür zu Professor Tendericks Zimmer. Auf einem Tisch lagen der karierte Hut und das Affenbuch. Und daneben stand der Käfig, der mit einem gepunkteten Tuch zugedeckt war.

»Montag!«, rief Stella und rannte in das Zimmer. Fritzi, Mörtel und Miyuki gingen hinterher, und Fritzi schloss schnell die Zimmertür.

Stella zog mit einem Ruck das Tuch vom Käfig.

»*Dimwit!*«, schimpfte es zwischen den Gitterstäben hervor.

Das war Englisch und hieß »Trottel«! Das wussten die vier zum Glück nicht. Doch sie wussten ganz genau, dass es nicht Montag sein konnte, der gerade »Dimwit!« gerufen hatte. In dem Käfig saß ganz eindeutig kein Weißer Lemur, sondern ein schimpfender, englischer Papagei namens Edvard. Das stand zumindest auf einem Schild außen am Käfig.

Als wäre das nicht schon schlimm genug, klingelte in diesem Moment auch noch Stellas Handy. Stella starrte auf die Anzeige und wurde kalkweiß.

»Mam und Pap!«, flüsterte sie.

»Geh ran!«, raunte Fritzi. »Sonst machen sie sich Sorgen!«

»Wenn ich rangehe, machen sie sich erst recht Sorgen!«

»Dann sag einfach nichts wegen Montag.«

Stella drückte auf den Knopf und krächzte: »Hallo.«
Dann hörte sie eine Weile nur zu. »Ja, dem geht es bestens!«, flötete sie schließlich. Vom anderen Ende hörte man nur gemurmelte Ermahnungen, auf die Stella antwortete: »Nein, nein, ich lasse ihn auf keinen Fall aus dem Käfig!« und »Ich weiß, er verträgt keine Zugluft«. Auf einmal wurde Stella noch weißer im Gesicht. »Wie schön, ihr seid schon zwei Stunden früher zurück!«

»*Diphead!*«, schimpfte Edvard plötzlich. Das hieß Schwachkopf.

»Nein, nein, das war nur im Fernsehen«, sagte Stella, »ein Papageienfilm. Ja, dann bis heute Abend. Tschüüss!«

Stella legte auf und starrte die anderen erledigt an.
»Wie sollen wir Montag bloß bis heute Abend finden? Es ist ja schon Mittag!«

Fritzi und Miyuki starrten zurück und wussten auch keine Antwort. Sogar Mörtel war ausnahmsweise einmal ganz still.

Wo ist Montag?

 Manchmal muss man zugeben, dass das, was man gedacht und getan hat, vollkommen falsch ist. Und dass man an einem Punkt angekommen ist, an dem man keine Ahnung hat, wie es weitergehen soll.

So ein Moment war das, als Fritzi, Stella, Miyuki und Mörtel ratlos im Hotelzimmer von Professor Tendericks standen.

Es war nun vollkommen klar, dass der englische Professor nichts mit dem Verschwinden von Montag zu tun hatte. In seinem Käfig saß ein fluchender Papagei und von einem Affen war weit und breit nichts zu sehen.

»Wir müssen Tante Rosa Maria erlösen«, sagte Fritzi.

»Ja, lasst uns nach unten gehen«, stimmte Stella zu, »jetzt ist eh alles egal.«

Miyuki protestierte: »Na hört mal! Sind wir die Stallmädchenbande oder nicht?«

»Schon«, stimmten die anderen beiden verzagt zu.

»Und, gibt die Stallmädchenbande so leicht auf?«

»Eigentlich nicht«, sagte Stella.

»Miyuki hat recht«, sagte Fritzi. »Vielleicht weiß der Professor, wo sich ein Affe am ehesten versteckt. Los!«

Miyuki, Fritzi und Mörtel fuhren mit dem Aufzug nach unten, Stella nahm diesmal die Treppe. Die Dame am Empfang hob empört die Augenbrauen, als sie sah, dass ein Zwergpony durch die Hotelhalle marschierte. Das war den Mädchen aber vollkommen egal, schließlich gab es jetzt Wichtigeres.

Sie stürmten zu der Sitzecke, wo Tante Rosa Maria völlig erledigt in ihrem Sessel hing. Professor Tendericks redete ununterbrochen auf sie ein und blies ihr dabei den Rauch aus seiner Pfeife ins Gesicht: »… und da habe ich im Kongo herausgefunden, dass das Bonobo-Weibchen nicht nur sehr friedlich, sondern auch noch der klügste Affe der Welt ist.«

Tante Rosa Maria schreckte aus ihrem Professoren-Selbstlob-Betäubungs-Schlaf auf und rief erleichtert: »Ah, da seid ihr ja!«

Fritzi machte Tante Rosa Maria mit einer Handbewegung klar, dass sie Montag nicht gefunden hatten.

Währenddessen ließ Stella unauffällig den Zimmerschlüssel in die Jackentasche des Professors gleiten, bevor sie sich vor ihm aufbaute und die Hände in die Seiten stützte: »Wir suchen alle dasselbe.« Direkter Angriff war manchmal besser als jede Taktik.

Überrascht sah der Professor auf. »Aha, was suchst du denn?«

»Einen weißen Affen!«, sagte Stella.

»Das stimmt, den suche ich auch.« Professor Tendericks musterte Stella. »Wer bist du?«

»Ich bin Stella, die Tochter der Insektenforscher van der Stock, die morgen einen großen Preis verliehen bekommen.«

»IHR SEID DAS!«, schnaubte der Professor und sprang auf. »Dieser Preis gehört MIR! Ich habe jahrelang nach dem Weißen Lemuren gesucht!«

»Pech gehabt«, sagte Stella, »meine Eltern haben ihn aber gefunden!«

Japsend fiel der Professor in den Sessel zurück. Fritzi fürchtete, dass er kurz davor war, einen Herzschlag zu bekommen.

»Tatsache ist, dass morgen keiner diesen Preis bekommt, denn Montag ist weg!«, sagte sie schnell.

»Montag?«, fragte Professor Tendericks verständnislos.

Fritzi erklärte ihm, dass der Affe Montag hieß und was passiert war.

»Aber ... wer hat den Affen dann?«, fragte der Professor nun noch ratloser.

»Wir dachten, Sie haben vielleicht eine Idee, wo er sich verstecken könnte!« Miyuki sah ihn erwartungsvoll an.

»Ich? Nein, ich habe keine Ahnung«, der Professor

schüttelte den Kopf, »aber eines weiß ich: Bei diesen Temperaturen überlebt ein Tier aus Madagaskar keinen Tag.«

Entsetzt starrten die Mädchen ihn an.

»Montag ist schon seit gestern Abend weg«, klagte Stella.

»Aber vielleicht hat ihn jemand bei sich aufgenommen«, versuchte Tante Rosa Maria, die Mädchen zu trösten.

»Aber wer?«, fragte Fritzi.

Alle brüteten schweigend vor sich hin.

Mörtel, der die ganze Zeit still im Hintergrund zugehört hatte, kämpfte ganz offensichtlich mit sich. Schließlich war es ihm ja ganz recht, dass das verlauste Vieh weg war. Auf einmal trat er nach vorn und reckte den Kopf in die Höhe. »Misch hat auch jemand nach diesöm Läusepelz gefragt.« Er sah zur Seite und tat so, als ob ein verstaubter Gummibaum in der Hotelhalle unheimlich interessant wäre.

Fritzi starrte ihn verdutzt an: »Ich glaub, mich laust ein Pony! Das sagst du erst jetzt?« Sie übersetzte.

»WAAAS?«, riefen Stella, Miyuki, Tante Rosa Maria und Professor Tendericks wie aus einem Mund.

Mörtel zierte sich noch ein bisschen, ließ sich bitten und ein Leckerli aus Fritzis Jackentasche geben. Schließlich erzählte er von der jungen Frau namens Niri, die ihn vor dem Kopierladen nach dem Affen gefragt hatte.

»Die habe ich auch gesehen«, sagte Miyuki, nachdem Fritzi alles übersetzt hatte.

»Warum hat sie wohl nach Montag gefragt?«, überlegte Stella.

»Mhm, vielleicht ist sie auch eine Affenforscherin und will ihn sich unter den Nagel reißen«, antwortete Miyuki.

»Um ihn dann auf der Affenforscher-Versammlung als ihren Affen auszugeben, natürlich«, rief Stella empört.

Fritzi beschäftigte allerdings eine ganz andere Frage.

»Sie hat dich verstanden, Mörtel?«

Der Gedanke gefiel ihr nicht richtig. Schließlich war sie bisher die Einzige gewesen, die mit Mörtel sprechen konnte. Nun gab es anscheinend noch jemanden, der so eine besondere Beziehung zu Mörtel hatte. Fritzi litt unter einem ganz klaren Fall von *Freundschafts-Neid*. So geht es also Stella und Miyuki manchmal mit mir und Mörtel, dachte sie plötzlich. Wenn man selbst weiß, was für ein giftiges Gefühl der Neid ist, versteht man die anderen plötzlich viel besser.

»Oh ja, sie hat sogar ausgezeichnöt Französisch gespro-chön!«, krähte Mörtel.

Fritzi übersetzte missmutig für die anderen.

Professor Tendericks starrte Mörtel an. »Das Pony kann sprechen?«

»Ja, und es kann Kunststücke, rechnen und mit dem Fuß die richtige Zahl klopfen und schreiben!«, sagte Fritzi stolz. »Aber hören kann nur ich ihn!«

Bisher zumindest, dachte sie.

Der Professor nickte beeindruckt. Gleichzeitig machte etwas in seinem Kopf »Klick«. Er schlug sich mit der Hand vor die Stirn.

»*Dimwit!*«, fluchte er und meinte sich selbst. Nun wussten die Mädchen auch, woher Edvard die Schimpfwörter kannte. »Ich kenne das Mädchen. Ich habe sie gestern am Flughafen getroffen. Und vorhin in der Stadt. Aber ich kenne sie schon viel, viel länger!«

Gespannt sahen alle den Professor an.

»Sie ist keine Affenforscherin, sondern eine Tierschützerin aus Madagaskar. Bei jedem Kongress protestiert sie gegen unsere Forschungen.«

Professor Tendericks stöhnte. »Und ich *Diphead* habe ihr auch noch einen Batzen Geld gegeben, weil ich ihr gegen das Bein gefahren bin!«

»Und wo wohnt diese Tierschützerin?«, fragte Stella ungeduldig. Vielleicht schafften sie es ja doch noch, Montag zu finden, bevor ihre Eltern zurückkamen.

»Keine Ahnung«, sagte der Professor.

Stella sah zu Mörtel.

Der wusste es auch nicht.

Stella fiel in sich zusammen wie ein Kuchen, der zu früh aus dem Ofen genommen wird. Alle starrten betrübt in die Gegend.

»Moment. Wie viele Hotels gibt es in Hühnerberg?«, rief Miyuki. Sie sprang auf.

»Zwei, der Taxifahrer sagte, nur zwei«, antwortete der Professor.

»Also muss sie in einem der beiden sein!«, rief Fritzi aufgeregt.

»Und hier ist sie sicher nicht«, verstand Stella, worauf Miyuki hinauswollte, »sonst hätte der Professor sie schon gesehen.«

Professor Tendericks schüttelte den Kopf.

»Dann reiten wir jetzt in das andere«, rief Miyuki. »Los!«

Tante Rosa Maria stand auf. »Das kenne ich. Ich kann euch den Weg zeigen.«

»Super!«, stimmte Stella zu.

»Die Pferde müssen aber dringend versorgt werden«, wandte Fritzi ein.

»Futter bekommen wir bestimmt in der Stadt«, beruhigte Stella sie.

»Okay. Wollen Sie auch mitkommen?«, fragte Fritzi den Professor.

»Vielen Dank, aber … äh, mein Papagei wartet ebenfalls auf sein Futter.« Professor Tendericks griff in seine ausgebeulten Jackentaschen und schüttelte die beiden Mangos, die er herausgezogen hatte, wie zwei Rasseln.

»Wir können kurz warten.« Tante Rosa Maria lächelte ihn aufmunternd an.

»Danke. Aber, äh … ich brauche dringend ein Fußbad!« Professor Tendericks zeigte auf seine immer noch eiskalten Füße.

Als sie die Pantoffeln sahen, mussten alle lachen. Sie verabschiedeten sich herzlich von dem Professor.

Offenbar ist er doch nur ein netter, etwas verwirrter älterer Herr, dachte Fritzi. Dann gingen sie, Stella, Miyuki, Tante Rosa Maria und Mörtel quer durch die Hotelhalle zum Ausgang, vorbei an der Dame am Empfang, die erbost den Kopf schüttelte.

Keiner von ihnen blickte sich um. Daher sahen sie auch nicht, dass der Professor gar nicht mehr wie ein netter älterer Herr aussah, sondern ihnen böse und mit zusammengekniffenen Augen hinterherstarrte.

Ein zappelnder Sack

Die Mädchen galoppierten in Windeseile in die Stadt, um zum anderen Hotel zu kommen. Tante Rosa Maria hielt sich auf Panagiotis' Rücken gut an Fritzi fest und genoss das hohe Tempo.

Das andere Hotel am Stadtrand von Hühnerberg war eher ein Gasthaus mit einer großen Scheune. Fritzi, Stella und Miyuki stürmten sofort hinein, während Tante Rosa Maria auf die Pferde aufpasste.

Mörtel wollte natürlich auch mitkommen, kam aber nicht die enge Treppe hoch, die in das Gasthaus hineinführte. Schimpfend ließ er sich auf die unterste Stufe plumpsen. »Wie kann man nur so eine unmögliche Treppe bauön, was für Stümpör, die das hier verpfuscht habön!«

Am Empfang saß ein älterer Herr auf einen Arm ge-
stützt und schlief.

Stella stupste ihn mit dem Finger an. »Hallo, ist da jemand zu Hause?«

Der alte Mann erschrak und öffnete die Augen. »Was?
Wie? Wo?«

»Wohnt hier eine junge Frau aus Madagaskar?« Miyuki
wollte keine Zeit verlieren.

»Was? Äh, nein! Wir sind seit Wochen voll, wegen der
Versammlung dieser Elefantenforscher.«

»Affenforscher!«, verbesserte Stella ihn genervt.

»Mist!«, sagte Fritzi und sah die anderen ratlos an.

Die drei wollten schon wieder zur Tür gehen, da murmelte der alte Herr: »Ja, sie war auch etwas enttäuscht.«

Fritzi drehte sich blitzschnell um. »Sie war hier?«

»Jaja, lassen Sie mich nachdenken ... gestern!«

»Und wo ist sie dann hin?«, wollte Stella wissen.

Der alte Mann gähnte. »Ich habe ihr gesagt, GÄHN,
dass dem Chef die alte Jagdhütte gehört, GÄHN, die wir
im Notfall billig vermieten.«

»Wo ist diese Hütte, schnell!« Stella beugte sich über
den Empfangstresen.

Der alte Mann beschrieb umständlich den Weg in den
Försterwald, der noch größer war als das Wäldchen,

in dem sie Montag gesucht hatten. Die Mädchen mussten sich beherrschen, vor lauter Spannung nicht unfreundlich zu werden. Doch bevor sie weiterkonnten, gab es noch etwas Wichtiges zu tun.

»Haben Sie etwas Wasser und Fressen für unsere Pferde?«, fragte Fritzi.

»Natürlich, geht nach hinten in unseren Stall, ich sage Bescheid.«

Die Mädchen bedankten sich und verließen das Hotel.

»Komisch«, brummte der alte Herr, »was ist an dieser Frau so interessant? Vorhin hat auch schon jemand wegen ihr angerufen …«

Aber das hörten die Mädchen nicht mehr.

Während die Pferde gefüttert wurden, schmiedeten Fritzi, Stella und Miyuki einen Plan. Der Plan war, dass eine von ihnen die Tierschützerin mit einem Trick aus der Hütte locken sollte und die anderen beiden in der Zwischenzeit Montag befreien würden. Sie kamen sich sehr raffiniert vor.

Tante Rosa Maria konnte nicht mitkommen, da ihr Restaurant voller hungriger Gäste war. Fritzi, Stella und Miyuki bedankten sich zweihundertsiebenundfünfzig Mal bei ihr.

Nachdem die Pferde fertig gefressen hatten, machten sich die Mädchen gleich auf den Weg. Mörtel hatte gierig die gleiche Portion wie die großen Pferde verschlungen, obwohl er nicht einmal halb so groß war, und war papp-satt. Um nicht zu sagen: bleischwer.

Fritzi stieg auf Panagiotis, der sie mit einem freudigen Schnauben begrüßte. Er liebte es, unterwegs zu sein, und tänzelte sofort los. Miyuki stieg auf Frida, die ebenfalls bereitwillig loslief. Und Stella kletterte auf Belamie, der sich nicht vom Fleck rührte.

»Los, du fauler Haflinger!«, rief Stella und gab ihm einen leichten Druck in die Flanken.

Belamie tat einen Schritt nach vorn, blieb dann wieder stehen und glotzte in die Gegend.

»Isch gehe schon mal vor und warte an der Kreuzung auf eusch.« Mörtel sah Belamie tadelnd an und setzte sich in Bewegung. Dabei riss er die Hufe hoch wie eine zickige Stute, die durch ein stinkendes Schlammfeld traben muss.

Die Mädchen grinsten sich an.

Stella seufzte und sprang von Belamie herunter. »Ich geh zu Fuß! Sonst stehen wir heute Abend noch hier. Nie wieder lasse ich mir Belamie aufbrummen!«

Sie nahm den Haflinger am Zaumzeug und zog ihn

hinter sich her. Widerwillig folgte er. Fritzi und Miyuki grinsten noch mehr und ritten vor.

Nach einer Weile pirschte sich Stella von der Seite an Belamie heran. Als ein Baumstumpf neben dem Weg auftauchte, sprang sie mit einem akrobatischen Satz auf seinen Rücken. Belamie war so überrascht, dass er einfach weiterging.

»Ha, überlistet«, rief Stella. Die anderen beiden drehten sich um, hielten die Daumen hoch und kicherten.

»Super Shownummer, das musst du auf dem Hof vorführen«, sagte Fritzi.

Stella strahlte.

Als sie an die Kreuzung kamen, fanden sie Mörtel dort keuchend und völlig erledigt an ein Straßenschild gelehnt. »Geht schon mal vor«, japste er, »isch brauche noch, ähh … ein wenig Stretching!«

Er tat, als ob er Dehnungsübungen machen würde, und streckte sein linkes Hinterbein weit nach hinten. Die anderen drei Beine zitterten. Von wegen Stretching! Tatsächlich hatte er wieder mal zu viel gefressen und hatte jetzt übles Seitenstechen.

Fritzi lachte. »Wir warten dort am Waldrand auf dich!« Sie zeigte auf eine Baumgruppe, die etwa fünfhundert Meter entfernt war.

Mörtel nickte schwach.

Die drei galoppierten bis zu den ersten Bäumen des Försterwaldes. Belamie ging natürlich nur im Trab-Schritt und schüttelte Stella kräftig durch. Die Sonne schien auf die schneebedeckten Felder, und es glitzerte überall, als ob funkelnder Diamantenstaub daraufgestreut worden wäre. Oben am Himmel kreisten ein paar Vögel und riefen »Guguhh« und »Gurrgurr«.

Am Waldrand angekommen, sagte Stella: »Da ist der Weg, von dem der alte Mann gesprochen hat. Die Hütte muss gleich links hinter der ersten Abzweigung liegen.«

Fritzi zeigte auf den Feldweg, der in den Wald hinein- führte und leicht vom Schnee überzuckert war. »Da sind frische Fußspuren im Schnee!«

»Wir müssen aber auf Mörtel warten.« Miyuki drehte sich um. Mörtel pflügte keuchend durch einen schnee- bedeckten Acker. Schnee-Dreck-Klumpen flogen rechts und links neben ihm in die Luft. »Er hat eine Abkürzung genommen«, kicherte sie.

»Eine ganz neue Aufgabe, vom Showpony zum Acker- gaul«, spottete Stella, als Mörtel endlich bei ihnen ange- kommen war.

Zum Glück konnte er nicht viel antworten, da er völlig

außer Atem war. Nur ein »Ün-*keuch*-ver-*keuch*-schämt-*keuch*-heit« brachte er heraus.

Die drei ließen ihm keine Zeit zum Verschnaufen, sondern setzten sich gleich wieder in Bewegung. Angespannt ritten sie in den Wald hinein. Es war ganz schön dunkel da zwischen den Bäumen. Ob der Wolf hier auch sein Revier hatte? Sie spähten nach rechts und links, blickten ängstlich hinter jeden Baum. Kein Wolf weit und breit.

Bald schon tauchte die Jägerhütte zwischen den Bäumen auf. Sie stoppten die Pferde in sicherer Entfernung und steckten die Köpfe zusammen.

»Wer geht rein?«, wisperte Fritzi.

»Ich«, entschied Stella, »schließlich habe ich es auch verbockt.«

»Und wir verstecken uns mit den Pferden.« Miyuki zeigte auf einen großen Felsen, der hinter dem Haus aufragte.

»Ich nehme Belamie mit.« Stella sprang ab und zog Belamie hinter sich her zum Eingang der Hütte. Die anderen beiden verschwanden schnell mit den Pferden hinter dem Felsen.

Stella holte tief Luft und klopfte dreimal kräftig an die Tür.

Nichts passierte.

»Hallo, ist da jemand?«, versuchte sie es nun.

Keine Antwort.

»Hallo, ich brauche Hilfe«, rief Stella jetzt lauter, »meine Freundin ist vom Pferd gefallen.«

Wieder gab es keine Antwort.

Stella legte ihr Ohr an die schwere Holztür.

»Mhümhümhmühhh!«, machte es von drinnen.

»Hallo!«, rief Stella noch einmal lauter.

»MHÜMHÜMHMÜHHH!«, erklang es nun schon deutlicher.

Stella nahm allen Mut zusammen und drückte die Klinke herunter. Die Tür war offen. Im Innern der Hütte war es dunkel, sodass Stellas Augen eine Weile brauchten, um sich an das schwache Licht zu gewöhnen.

Was sie dann sah, war ganz schön unheimlich. Im Innern der Hütte saß ein Sack. Ein gut verschnürter Sack mit silbernen Turnschuhen und einem Luftloch in der Mitte, genauer gesagt. Und dieser Sack strampelte und zappelte und versuchte, sich zu befreien. Vergeblich.

Stella sprang zu ihm hin und begann, den Knoten zu lösen. Er war sehr festgezurrt, sodass sie ihre Zähne brauchte, um ihn aufzukriegen. Das Seil war mehrfach um den Sack herumgewickelt. Stella zog mit so viel Schwung daran, dass sich der Sack drehte wie ein Kreisel. »Uaaaaah«, machte es darunter.

Als das Seil vollkommen abgewickelt war, hob Stella den Sack in die Höhe.

Das Erste, was sie dann sagte, war: »Wo ist Montag?!«

Das Mädchen zuckte mit den Schultern und sah sie fragend an. »Danke«, sagte sie auf Französisch, und dann sprudelten noch eine Menge Wörter aus ihrem Mund.

Nun verstand jedoch Stella kein Wort. Auf einmal fiel Niri einfach um, weil ihr von dem ganzen Drehen ziemlich schwindlig geworden war.

Stella half ihr auf die Beine und lehnte sie an eine Wand. »Einen Moment! Nicht bewegen!«

Sie ging zur Tür und rief nach den anderen. Keine zwei Minuten später standen auch Fritzi, Miyuki und Mörtel in der Hütte und glotzten die Frau an.

Miyuki sagte: »Wow, so tolle silberne Schuhe möchte ich auch.«

Fritzi dachte: Ihre Schneckennudeln halten ja ganz ohne Haarspange, nicht wie meine dünnen Spaghetti-Haare, die immer nur blöd runterhängen.

Seltsam, dass trotz der Sorge um Montag in beiden kurz ein *Das-will-ich-auch-haben-Neid* aufstieg.

»Mörtel, frag sie, wo Montag ist«, forderte Stella, denn in der kleinen Hütte war Montag eindeutig nicht.

Mörtel sah Niri an, redete mit ihr und übersetzte dann für die anderen: »Das ist Niri.« Fritzi übersetzte.

Die Mädchen sahen Mörtel auffordernd an.

»Und weiter«, forderte Stella.

»Diesör Affe war wirklisch hier«, fuhr Mörtel fort. »Taubön habön Niri geholfön, ihn zu findön. Sie kann mit allön Tierön sprechön. Sogar mit dem Wolf.«

Der Wolf! Den Mädchen lief ein Schauer über den Rücken.

»Der ist ganz harmlos, sagt sie«, beruhigte sie Mörtel. »Und diesör Affe saß übrigens im allerhöchstön Baum des kleinön Waldchöns. Ganz obön in der Spitze.«

»Deshalb haben wir ihn nicht gefunden!«, sagte Fritzi.

»Es gibt kein Wassör in der Hütte, für einön Tee muss man Schnee schmelzön«, fuhr Mörtel fort, »und als Niri draußön war, um Schnee zu holön, passierte etwas ganz Schlimmös!« Mörtel sah mit aufgerissenen Augen in die Runde.

»Auf einmal wurde ihr von hintön der Sack übörgestülpt«, sagte er empört, »dann schleppte jemand sie in die Hütte und verschnürte sie wie ein Paket.«

Das Gespräch war ganz schön kompliziert. Niri sprach nur Französisch, daher verstand nur Mörtel sie. Mörtel wiederum wurde nur von Fritzi verstanden, die für Stella und Miyuki übersetzen musste.

»Und dann hat sich jemand Montag geschnappt und ist mit ihm abgehauen!«, übersetzte Fritzi aufgeregt.

»Oh nein«, stöhnte Stella. »Hat sie gesehen, wer?«

»Natürlisch nischt, sie war ja schon im Sack.« Mörtel strafte sie mit einem Blick, der sie für schrecklich dumm erklärte.

Miyuki wurde blass. »Dann hat irgend so ein Irrer jetzt Montag?«

Stella ließ sich auf den einzigen Stuhl in der Hütte fallen. »Oh Gott, wenn der ihm was antut!«

Eine bleierne Erschöpfung legte sich auf alle Mädchen. Als ob jemand ganz schwere Sandsäcke auf sie gepackt hätte. Sie hatten so gehofft, Montag hier zu finden! Und jetzt schon wieder so eine Enttäuschung!

»Hätten wir bloß nicht noch die Pferde gefüttert«, sagte Miyuki.

»Ja, dann wäre Montag vielleicht noch da gewesen«, stimmte Stella ihr zu.

»Unsinn!« Fritzi schüttelte energisch den Kopf. »Ohne Wasser und Futter hätten es die Pferde gar nicht mehr geschafft!«

Auf einmal schnupperte sie aufgeregt in der Luft herum. »Ich glaube übrigens nicht, dass er Montag was antut!«, sagte sie bestimmt.

Stella sah sie an. »Woher willst du das denn wissen?«

»Na, riecht ihr es nicht?«

Stella schnupperte. Miyuki ebenso. »Ja, Rauch. Und? Den gibt es in jeder Hütte mit Ofen.«

»Ja, aber das ist kein Rauch von einem Ofen«, sagte Fritzi triumphierend, »das ist Pfeifenrauch!«

Stella verstand sofort: »Professor Tendericks! Der raucht Pfeife.«

»Dieses Aas!« Dass die höfliche Miyuki so etwas sagte, wollte schon etwas heißen.

»Und uns spielt er den netten Professor vor. Von wegen Fußbad«, schimpfte nun auch Fritzi.

»Nichts wie hin!«, rief Stella und wollte gleich losstürmen.

»Pardon?« Niri sah sie fragend an. Sie wollte natürlich auch wissen, was los war, und Mörtel erklärte es ihr geduldig.

Fritzi gab es wieder einen Stich, als sie sah, wie gut sich die beiden verstanden. Das war aber kein harmloser *Freundschafts-Neid* mehr, sondern viel schlimmer: pure Eifersucht, die manchmal ganz schwer vom Neid zu unterscheiden ist. Nun sagte Mörtel auch noch, dass Niri mitkommen wolle.

»Aha«, sagte Fritzi misstrauisch, »und dann klaut sie sich Montag wieder zurück, oder was?« Das hatte ein bisschen böser geklungen, als Fritzi es beabsichtigt hatte. Daran war eben noch die fiese Eifersucht schuld.

»Ja, genau!«, rief Stella. »Sie hat Montag geklaut!«

Niri ließ über Mörtel erklären, dass sie Tierschützerin sei und den Affen nur an sich genommen habe, um ihn zu schützen. Jetzt sei es aber wichtig, dass sie sich den Professor so schnell wie möglich schnappten.

Fritzi, Stella und Miyuki sahen sich kurz an und stimmten dann zu.

Da Fritzi mit Panagiotis das stärkste Pferd hatte, musste sie Niri hintendrauf mitnehmen. Grimmig sah sie mit an, wie Niri sich elegant auf Panagiotis schwang.

»Warum versteht ihr euch eigentlich?«, fragte sie Mörtel patzig. »Schließlich können nur traurige Herzen wie wir einander verstehen.« Das »wie wir« betonte sie extra deutlich, damit Mörtel wieder klar wurde, dass sie beide etwas Besonderes waren.

Mörtel sah zu Niri und fragte sie. Sie antwortete mit traurigem Gesicht.

»Niri hat keinön Vatör und keine Muttör mehr, sie ist vollkommön allein«, erklärte Mörtel.

Fritzi schluckte und dachte, dass sie ja wenigstens Eltern hatte. Auch wenn diese manchmal ein bisschen komisch waren. Nun tat ihr Niri doch leid. Sie nahm sich vor, etwas netter zu ihr zu sein.

Bald waren sie aus dem Wald herausgaloppiert und wieder auf freiem Feld angekommen. Der Schnee wirbelte wild zur Seite und die Pferde keuchten Atemwolken in die kalte Luft. Die Mädchen beschlossen, etwas langsamer zu reiten, damit Mörtel sie einholen konnte, der inzwischen nicht mal mehr zu sehen war.

Als er endlich bei ihnen angekommen war, trippelte

Mörtel eine Weile schweigend neben Panagiotis her. Er schien über etwas sehr Wichtiges nachzudenken. »Einös verstehe isch nischt«, sagte er schließlich.

»Was denn?«, fragte Fritzi gespannt.

»Wer ist denn jetzt eigentlisch vom Pferd gefallön? Du oder Miyuki?« Mörtel guckte fragend zu Fritzi.

Fritzi prustete los und übersetzte für die anderen.

»Oh, Mööörtel! Das war doch nur ein Trick!«, riefen Miyuki und Stella und verdrehten wieder einmal die Augen.

Mörtel schnaubte nur und trippelte beleidigt neben ihnen her.

Lauter tolle
Ideen

Manchmal ist es gar nicht so einfach, zu entscheiden, wer ein Freund ist und wer nicht. Das liegt daran, dass manche Menschen Freund-Feinde sind oder Feind-Freunde, je nachdem, womit sie angefangen haben.

War Niri nun also eine Freundin, weil sie jetzt mit ihnen unterwegs war, um den Affen wiederzufinden? Oder war sie doch eine Feind-Freundin? Schließlich hatte sie sich Montag einfach geschnappt! Oder wollte sie ihn gleich wieder klauen, wenn sie ihn gefunden hatten? War sie womöglich sogar eine Feind-Freund-Feindin?

Stella gab Belamie leichten Druck in die Flanken: »Los, Galopp! In zwei Stunden kommen Mam und Pap zurück!« Ausnahmsweise tat Belamie sofort, was sie wollte. Als ob er wüsste, dass es jetzt wirklich, wirklich darauf ankam.

Nach einer halben Stunde kamen sie vor dem *Hotel mit roten Läden und goldenen Türmchen* an. Die Mädchen stiegen von ihren Pferden und überlegten, wie sie Professor Tendericks dazu kriegen konnten, Montag rauszugeben.

»Isch weiß, wir machön noch mal einön Turm, klopfön ans Fenstör und sagön, er soll diesös Vieh sofort hergebön. Isch bin ja ein affenstarkös Pony!«, krähte Mörtel großspurig.

»Sicher, ein Turm, tolle Idee«, sagte Fritzi grinsend. »Und dann brichst du genau in dem Moment zusammen, wenn wir Montag haben, und er entwischt uns wieder.« Sie sah die anderen Mädchen an: »Bessere Vorschläge?«

Mörtel drehte sich beleidigt zur Seite und grummelte: »Freschheit!«

»So doof ist die Idee vielleicht gar nicht«, sagte Stella. »Nur machen wir den Turm diesmal zur Ablenkung!«

Erstaunt sah Fritzi sie an, und auch Mörtel schielte interessiert zu ihr hinüber. Stella erklärte den anderen ihren Plan. Alle hörten zu und waren sofort einverstanden. Wenn es darum ging, Montag zu retten, waren ein paar Kratzer mehr nicht so schlimm.

Niri und Miyuki verschwanden mit den Pferden hinter dem Hotel. Mörtel sträubte sich noch ein bisschen, da er ja eigentlich beleidigt war, doch dann lächelte Niri ihn so liebevoll an, dass er ihr wie ein Lämmchen in den Hof folgte.

Fritzi schluckte, als sie das sah, hatte aber keine Zeit, richtig eifersüchtig zu werden. Sie und Stella schlüpften durch die Hoteldrehtür, als die Dame am Empfang sich gerade zum Schlüsselbord drehte, um einen Zimmerschlüssel aufzuhängen, und verschwanden im Lift.

Vor dem Zimmer von Professor Tendericks blieben sie stehen und sahen sich ratlos an. Stella flüsterte: »Der macht uns doch nie die Tür auf, wenn wir sagen, wer wir sind. Da hab ich ja gar nicht dran gedacht!«

Fritzi sah sich um. »Ich hab da vielleicht eine Idee!«

Im Flur stand ein Wäschewagen, in dem die gebrauchte Kleidung der Hotelangestellten aufbewahrt wurde.

»Iiiih! Das willst du anziehen?« Stella schüttelte sich angewidert.

»Willst du Montag zurückhaben oder nicht?« Fritzi ging zum Wagen und zog zwei hellblaue Kittel heraus.

Fritzi und Stella zogen ihre Winterjacken aus und streiften sich widerwillig die Kittel über. Natürlich waren sie ihnen viel zu groß, aber darauf konnten sie nun keine Rücksicht nehmen. Sie banden sich zwei Schürzen um die

Taille und setzten sich weiße Hauben auf den Kopf.

»Zimmermädchen Fritzi und Stella!«, spottete Fritzi.

»Los, komm!«, sagte Stella und klopfte an Professor Tendericks Tür. Mit verstellter Stimme rief sie: »Zimmerservice! Ihr Fußbad!«

Fritzi hielt sich den Mund zu, um nicht laut loszulachen.

Von drinnen waren Schritte zu hören, dann wurde die Tür aufgerissen. »Aber ich habe doch gar kein Fußbad bestellt!«

»Oh, dann muss das ein Versehen sein«, flötete Stella. »Können wir kurz Ihr Zimmer sauber machen?«

Professor Tendericks wollte sie gerade in sein Zimmer lassen, da erkannte er die beiden. »Ha, ihr seid das!«

Schnell versuchte er, die Zimmertür zuzuschlagen, doch Fritzi hatte bereits einen Fuß in die Tür gestellt. Zum Glück trug sie dicke Winterstiefel, sodass es nicht wehtat, als die Tür daraufknallte.

»Geben Sie uns SOFORT Montag zurück!«, forderte Stella.

»Hier ist kein Montag«, sagte Professor Tendericks trotzig.

»Uauauahuauahuuuh«, machte es aus dem Zimmer.

Stella sah den Professor nur müde an. »Hören Sie mit dem Lügen auf und geben Sie uns den Affen.«

»Ich denke ja nicht daran«, schnaubte der Professor, »der Affe gehört mir.«

Er warf sich gegen die Tür und versuchte, Fritzis Fuß wegzuschieben. Fritzi biss die Zähne zusammen, wollte es aushalten, aber es tat doch ziemlich weh. Stöhnend gab sie schließlich auf und zog den Fuß zurück.

Professor Tendericks nutzte den Moment, um die Tür zuzuschlagen. Fritzi und Stella standen wieder draußen.

Kaum hatte der Professor den Mädchen die Tür vor der Nase zugeschlagen, da ertönten vom Fenster grässliche Schreie.

Der Professor erschrak fürchterlich.

Am Hotelfenster klebte ein pinkfarbener Fellgeist mit verzerrtem Gesicht, der grauenhafte Töne von sich gab.

Der Professor rannte wutentbrannt zum Fenster, riss es auf und wollte den Fellgeist vom Fenster wegschieben. Doch der Fellgeist klammerte sich verzweifelt am Fensterrahmen fest und rief seltsamerweise: »Hilfe!«

Währenddessen standen Fritzi und Stella ratlos auf dem Gang.

»Das hat ja schon mal gar nicht geklappt«, schimpfte Stella und zog die Verkleidung wieder aus.

»Wir müssen den anderen beiden helfen«, rief Fritzi. »Aber wie?« Sie warf ihre Zimmermädchenkleidung ebenfalls weg.

Stella überlegte, rannte dann zum Wäschewagen und durchwühlte fieberhaft alle Kittel und Schürzen. Eine nach der anderen flog in hohem Bogen auf den Flurboden. Auf einmal grinste Stella und zog einen Schlüssel aus einer Schürzentasche.

»Wusste ich doch, dass mindestens ein Zimmermädchen so schusselig ist wie ich!«

»Ein Generalschlüssel, der überall passt«, jubelte Fritzi.

Stella steckte den Schlüssel in das Türschloss von Professor Tendericks' Zimmer. Er passte tatsächlich!

Stella und Fritzi stürmten in das Zimmer. Der Professor versuchte gerade, die Hände des Fellgeists vom Fensterrahmen zu lösen. Stella rannte zu ihm, packte ihn am Kragen und riss ihn zurück. Fritzi konnte den Fellgeist gerade noch festhalten, bevor er das Gleichgewicht verlor und abstürzte.

Er kreischte wie ein kleines Mädchen.

Was daran lag, dass er ein Mädchen war.

»Ist gut, Miyuki«, rief Fritzi, »ich hab dich!«

Eine Weile standen die beiden so da, und Fritzi umklammerte Miyuki, die auf Niris Schultern stand.

»Ich stehe wieder sicher«, sagte Miyuki schließlich, »kannst loslassen!«

Fritzi trat einen Schritt zurück und sah ihre Freundin erleichtert an.

Miyuki nahm die Kapuze ihrer pinkfarbenen Jacke ab und machte das Daumen-hoch-Zeichen.

»Isch sagte doch, isch bin affenstark«, krähte Mörtel von unten. »Isch könnte sogar auf einöm Bein …«

»Neiiin!« und »Nooon!« riefen Miyuki und Niri.

Zu spät. Mörtel hatte bereits drei Hufe in die Luft gestreckt. Das vierte Bein begann augenblicklich zu zittern – und der lebende Turm aus Panagiotis, Mörtel, Niri und Miyuki stürzte in sich zusammen.

Fritzi sah geschockt aus dem Fenster. Miyuki und Niri lagen auf dem Boden. Mörtel hing diesmal wie ein Sattel seitlich über Panagiotis.

»Alles okay bei euch?«

Miyuki tastete vorsichtig ihre Arme und Beine ab und machte noch einmal das Daumen-hoch-Zeichen. Sie half Niri auf, die zum Glück ebenfalls heil geblieben war.

»Holt misch sofort hier runtör!«, schimpfte Mörtel. »Diesör Panagiotis konnte einfach wiedör nischt stillstehön!«

Miyuki grinste: »Was für ein herrlich weicher Reitsattel!« Ein bisschen Spott musste einfach sein.

Dann schob sie Mörtel zusammen mit Niri über Panagiotis' gesenkten Kopf auf den Boden hinunter. Panagiotis schnaubte.

»Ünverschämtheit! Isch berühmtös Showpony muss hier übör einön Pferdeschädel rutschön!«, schimpfte Mörtel.

Währenddessen versuchte Professor Tendericks, sich aus Stellas Klammergriff zu befreien, um sich Montag zu schnappen und mit ihm zu flüchten. Doch Stella, seit Jahren Handballtorhüterin, hielt ihn unerbittlich am Kragen seines Hemds fest. Es war erstaunlich, was für eine Kraft sie durch ihr Training hatte. Schließlich gab er auf, und sie bugsierte ihn in einen Sessel.

Stella und Fritzi stürmten zu Montag. Er kauerte in einer Zimmerecke und war mit dem Gürtel eines Bademantels an einer Stehlampe festgebunden.

»Montag!«, riefen sie gleichzeitig. »Geht es dir gut?«

»Natürlich geht es ihm gut«, knurrte Professor

Tendericks beleidigt. »Meint ihr, ich tue dem allerletzten Exemplar des Weißen Lemuren etwas an?«

An der Tür klopfte es. Fritzi öffnete, und Miyuki, Niri und natürlich auch Mörtel kamen herein.

»Die hat mir ja gerade noch gefehlt!«, stöhnte der Professor, als er Niri sah, und sank tiefer in seinen Sessel.

Das war kein Wunder, denn Niri stürmte auf ihn zu, trommelte mit den Fäusten auf ihn ein und beschimpfte ihn auf Französisch. Das verstanden die Mädchen zwar nicht, aber Mörtel grinste belustigt.

Niri war nicht gerade zimperlich mit Professor Tendericks. Wegen der vielen Schimpfwörter kann der Text hier nur teilweise wiedergegeben werden:

»Du missratene Kreatur von einem Krötengesicht! Wenn du noch einmal versuchst, mich in einen Sack zu stopfen, alter Blockflötenkönig, dann falte ich dich auf links, du buckelige Brotspinne. Haben wir uns verstanden, ~~Furzgurke~~*?«*

Das letzte Schimpfwort mussten wir leider streichen, denn es war wirklich sehr schlimm.

»*Dimwit!*«, stimmte Edvard begeistert ein, und: »*Diphead!*«

Professor Tendericks sank noch tiefer in seinen Sessel und stammelte: »Aber … Ich wollte doch nur …«

»Wenn wir nicht gekommen wären, wäre Niri in ihrem Sack verhungert!«, rief Stella.

»Aber nein«, wimmerte der Professor, »ich hätte sie doch nach dem Kongress befreit.«

Miyuki verstand auf einmal. »Und auf dem Kongress wollten Sie Montag als Ihre eigene Entdeckung vorführen.«

Professor Tendericks sah aus dem Fenster. »Ich habe doch jahrelang nach dem Affen gesucht. Es ist einfach nicht gerecht.«

Stella sah ihn verächtlich an. »Gut, dann können wir Montag ja jetzt mitnehmen. Wenn wir uns beeilen, kriegen meine Eltern von all dem hier nichts mit.« Sie sprang auf und wollte Montag losbinden.

»Stopp!« Niri stellte sich ihr in den Weg.

»War ja klar, dass sie sich Montag doch wieder unter den Nagel reißen will.« Stella schnaubte und wollte sie wegschieben.

Doch Niri ging zu Mörtel, guckte sehr ernst und sagte auf Französisch: »Dieser wunderbare Lemur ist ein freies Lebewesen aus dem Dschungel. Wenn er hierbleibt, wird er sein Leben lang in geschlossenen Räumen von Forschern untersucht und kommt nie wieder nach draußen. Und alle Leute werden sich um ihn reißen, an ihm zerren, und er darf nie wieder von Baum zu Baum springen. Ein schreckliches Leben für solch ein Tier.«

So übersetzte Mörtel Niris Worte allerdings für die anderen: »Niri sagt, diese Läuseschleudör hat überhaupt keine Erziehung. Wenn er hierbleibt, wird er in geschlossenön Räumön allös kaputt machön und kommt dafür ins Gefängnis. Und keinör wird sisch für ihn interessierön und er wird dick und fett. Ein schrecklichös Lebön für solsch ein jetzt schon so hässlichös Flohvieh.« Fritzi sah Mörtel ungläubig an und fragte streng: »Hat sie das wirklich so gesagt?«

»Abör natürlisch, isch bin ja sehr sprachbegabt.« Eingeschnappt drehte Mörtel sich um und zeigte ihr sein Hinterteil.

Fritzi dachte kurz nach. Sie übersetzte Mörtels Sätze manchmal auch anders, als er sie gesagt hatte. Und Mörtel konnte Montag absolut nicht ausstehen. »Möööörtel! Du neidisches Vieh! Wenn du das nicht richtig übersetzt, bekommst du nie wieder ein Leckerli von mir«, sagte sie und versuchte, sehr böse zu klingen.

Mörtel erschrak: »Nie wiedör ein Leckerli?«

»Kein einziges!«

Sofort drehte Mörtel sich um und übersetzte Niris Worte noch einmal richtig. Ein Leben ohne Leckerli konnte er sich wohl doch nicht vorstellen.

Fritzi übersetzte dann für Stella und Miyuki. Ihre Kehle wurde immer enger, als sie schließlich die letzten Worte »ein schreckliches Leben« aussprach.

Stella sah erschrocken zu ihr. »So habe ich das ja noch nie gesehen.«

»Das dürfen wir Montag nicht antun«, sagte Fritzi leise. Ihr war auf einmal klar geworden, dass Niri Tiere wirklich liebte und nur das Beste für Montag wollte.

»Wir müssen ihn Niri überlassen«, sagte nun auch Miyuki, »damit sie ihn nach Madagaskar zurückbringen kann.«

»Das könnt ihr nicht machen«, rief Professor Tendericks, »das wäre ein Riesenverlust für die Wissenschaft!«

Stella sah zu Fritzi, zu Miyuki, sie sah zu Niri und am Ende auch zu Professor Tendericks. »Alle haben irgendwie recht. Aber in eineinhalb Stunden kommen meine Eltern zurück. Sie haben darauf vertraut, dass ich gut auf ihren Affen aufpasse. Morgen wollen sie Montag den

171

Affenforschern vorführen. Und damit berühmt werden.«

Den Schluss sagte sie nur noch leise. Dann sah sie zu
Montag, der immer noch still in der Ecke kauerte.

»Isch glaube, isch hab da eine Idee«, sagte Mörtel auf
einmal. »Du musst nur deine Eltern überzeugön, dass es
für alle das Beste ist.«

Mörtel redete munter drauflos, und Fritzi erklärte den
anderen, was er sich überlegt hatte.

Alle waren sofort einverstanden. Professor Tendericks
starrte Mörtel verwundert an und nickte ebenfalls. Stella
ging zu Montag und band ihn los.

»Ich rufe mir ein Taxi, dann bin ich schneller. Könnt ihr
Belamie mitnehmen?«, sagte sie zu Fritzi.

Fritzi nickte. »Willst du wirklich allein zu deinen Eltern
fahren?«

Stella straffte sich. »Ein Stallbandenmädchen muss tun,
was ein Stallbandenmädchen tun muss.« Das hatte sie so
ähnlich mal in einem Western gehört. Sie nahm Montag
auf die Schulter und ging zur Tür. Dort drehte sie sich
noch einmal um. »Drückt mir die Daumen!«

Fritzi und Miyuki nickten.

Dann verließ Stella mit Montag das Zimmer. Die anderen fühlten sich auf einmal sehr erschöpft.

»Wir müssen die Pferde zum Holzapfelhof zurückbringen«, sagte Fritzi, »sonst wundert sich Herr Kuchenbecker, wo wir bleiben!«

Miyuki stimmte ihr zu. Sie, Fritzi, Niri und Mörtel gingen ebenfalls und ließen einen etwas verwirrten Professor Tendericks zurück. Oder einen noch verwirrteren Professor als sonst.

Er stand auf und ging ein paar Schritte im Zimmer umher. Die besten Ideen hatte er immer beim Herumlaufen. »Einen Lemuren, wer braucht schon einen Lemuren? Es ist zwar eine Affenforscher-Versammlung, aber ein sprechendes Pony, das Kunststückchen kann und auch noch schlau ist«, murmelte er, »das wäre doch DIE Sensation! Ja, ich hab da auch eine Idee, eine sehr gute Idee sogar …«

»Dimwit!«, schimpfte Edvard noch einmal. Und damit hatte er diesmal gar nicht so unrecht.

Die Affenforscher-Chaos-Versammlung

Herr Kuchenbecker stand müde am Fenster seines Schlafzimmers und starrte in den dunklen Hof hinunter. Es war Neumond und man konnte die Umrisse des Stalls und der Scheune kaum erkennen.

Habe ich das jetzt geträumt, dachte er, oder hat da wirklich jemand gerade einen zappelnden Sack auf einem Wäschewagen über den Hof gefahren?

Er öffnete ein Fenster, das laut quietschte.

»Da ist doch gerade jemand um die Ecke verschwunden!«, brummte Herr Kuchenbecker. »Aber wenn ich jetzt die Polizei rufe, und da ist nichts, bin ich wieder das Gespött des ganzen Ortes.«

Herr Kuchenbecker lehnte sich weit hinaus und blickte über den Hof. »Hm … alles ruhig.«

Nur Alfred, der silberne Hofkater, kam um die Stallecke gestrichen, sah kurz zu Herrn Kuchenbecker hoch und schlenderte dann seelenruhig weiter über den Hof.

Herr Kuchenbecker zögerte. »Alfred wäre sicher nicht so entspannt, wenn da unten jemand wäre. Ich weiß ja, dass ich ein Angsthase bin. Wochenlang musste ich am Stammtisch den Spott ertragen, als ich Waldgeister im Stall gesehen hatte. Und die entpuppten sich dann als Stallschürzen.«

Er starrte noch einmal hinaus in die Dunkelheit der Nacht. »Was würden sie erst zu einem zappelnden Sack sagen, den es gar nicht gab? Nein, nicht mit mir!«

Herr Kuchenbecker schloss seufzend das Fenster und legte sich wieder in sein Bett.

Die restliche Nacht machte er jedoch kein Auge zu.

Am nächsten Morgen wachte Fritzi davon auf, dass es im Haus ziemlich seltsam roch. Sie stand auf und ging gähnend nach unten in die Küche, wo ihr Vater gerade dabei war, Apfelpfannkuchen zu verbrennen.

»Guten Morgen! Ich mache Frühstück!«, jubelte er. Rafael Freitag war immer sehr stolz auf sich, wenn er etwas Vaterartiges für seine Kinder tat, und wollte dann auch gelobt werden.

»Ich rieche es«, antwortete Fritzi nur und setzte sich an den Tisch.

Ihr Vater nahm einen Teller und ließ einen schwarzen Fladen daraufgleiten. Den stellte er vor Fritzi hin und goss aus einem Topf viel zu süßen Kakao in ihre Tasse.

»Wo ist Niklas?« Fritzi gähnte müde. Die letzten beiden Tage waren doch ganz schön anstrengend gewesen.

»Es hat wie verrückt geschneit heute Nacht.« Rafael Freitag zeigte auf den verschneiten Garten. »Er ist draußen und baut Schneehasen.«

»So früh schon?«, wunderte sich Fritzi.

»Na, es ist ja auch schon zehn«, sagte ihr Vater lachend. »Du hast wohl die Nacht vorher nicht so viel geschlafen, was?« Er zwinkerte ihr mit einem Auge verschwörerisch zu.

Fritzi gähnte noch einmal.

»Ich hab dich einfach schlafen lassen, wer braucht schon die Schule, viel wichtiger sind doch die Dinge, die einem das Leben beibringt!«

Langsam sickerte bei Fritzi durch, was ihr Vater eben gesagt hatte. Sie schoss hoch wie eine Rakete: »Was? Fast zehn? Ich muss sofort los! Die Versammlung fängt um elf an!«

»Was für eine Versammlung denn?«

Fritzi erzählte hastig, was passiert war.

»Auf den Straßen liegt so viel Schnee, da kommst du mit dem Rad nicht durch«, sagte Rafael Freitag schließlich. »Ich fahr dich, dann kannst du noch ganz in Ruhe deinen Pfannkuchen essen.«

»Ah, toll!«, sagte Fritzi und sah angewidert auf den schwarzen Fladen auf ihrem Teller.

Eine halbe Stunde später saß sie mit Niklas (er wollte natürlich unbedingt mitkommen) und ihrem Vater in ihrem verbeulten, alten Bus. Die Straßen waren tatsächlich voller Schnee, und es war sogar mit dem Auto schwierig, durchzukommen. Außerdem fing es gerade wieder an zu schneien.

»Beeil dich, wir müssen unbedingt pünktlich sein!«, jammerte Fritzi.

»Jaja, ich mach ja schon«, knurrte ihr Vater. Er trat Vollkaracho aufs Gaspedal, der Wagen jaulte auf und schoss los. Mit einem Satz landete er an einer Gartenmauer. »Eine Beule mehr oder weniger, was macht das schon?« Rafael Freitag zuckte mit den Schultern, legte den Rückwärtsgang ein und versuchte, den Bus zurückzufahren. Die Reifen drehten durch und er bewegte sich keinen Zentimeter.

Niklas klatschte begeistert in die Hände: »Juhu! Wir stecken fest!«

Fritzi riss genervt die Tür auf: »Ich geh den Rest zu Fuß! Ihr könnt ja solange das Auto ausgraben!«

Sie sprang aus dem Auto und warf die Tür hinter sich zu, ohne die Antwort ihres Vaters abzuwarten. Mühsam kämpfte sie sich durch die schneebedeckten Straßen. Ein eisiger Wind pfiff um die Häuserecken.

Als sie endlich an der Stadthalle ankam, wo die Versammlung stattfand, war sie vollkommen durchgefroren. Stella und Miyuki warteten schon ungeduldig am Eingang.

»Wo bleibst du denn? Die haben schon angefangen!« Stella zog sie am Ärmel in die warme Vorhalle hinein.

»Hab verschlafen«, murmelte Fritzi mühsam. Ihr Gesicht fühlte sich an, als ob es ein einziger Eisklumpen wäre. »Kommen wir denn überhaupt rein?«

»Stellas Eltern haben uns auf die Gästeliste gesetzt!«, verkündete Miyuki stolz.

Als sie am Hausmeister vorbeigingen, nickte der nur wissend und winkte sie durch. Sie rannten durch die Halle und schlüpften leise in den großen Vortragssaal.

Drinnen saßen bestimmt dreihundert Menschen und lauschten den Worten eines Moderators, der vorn auf der

Bühne gerade die Teilnehmer begrüßte. Neben den Stuhlreihen standen eine Menge Fotografen und Reporter, die auf die angekündigte Sensation warteten.

»Ich wusste gar nicht, dass es so viele Affenforscher gibt!«, flüsterte Fritzi. Miyuki nickte beeindruckt.

Sie kämpften sich durch die Stuhlreihen ganz nach vorne vor, wo drei Plätze für sie reserviert waren, und setzten sich schnell auf ihre Stühle.

Stellas Eltern standen an der Seite der Bühne und hatten einen Käfig neben sich stehen, der mit einem weißen Tuch bedeckt war.

Stellas Mutter hatte genauso strubbelige, blonde Haare wie Stella, nur war sie natürlich größer und hatte eine riesige, schwarze Brille auf der Nase. Stellas Vater war das genaue Gegenteil, er war klein und rund und hatte lustige, braune Kulleraugen.

Fritzi gab es mal wieder einen Stich, dass Stella so schlaue und sogar bald berühmte Eltern hatte. Ihr Vater verbrannte stattdessen Pfannkuchen und verschrottete sein eigenes Auto.

Der Moderator hatte inzwischen die Begrüßung beendet und kündigte die Sensation an: »Meine Damen und Herren, sehen Sie nun die beiden Insektenforscher, Herrn und Frau van der Stock, mit ihrem einzigartigen Fund …«

179

Weiter kam er nicht, denn von der Seite drängte sich ein Mann auf die Bühne, der den Mädchen sehr bekannt vorkam.

»Einen Moment!«, rief dieser. »Es mag ja sein, dass die van der Stocks ein seltenes Tier entdeckt haben. Aber was ich Ihnen hier präsentiere, ist eine Sensation, die nicht zu übertreffen ist!«

»Professor Tendericks!«, flüsterte Stella.

Der Professor zerrte an einer Leine, und hinter dem Vorhang kam ein Tier zum Vorschein, das Fritzi, Stella und Miyuki noch sehr viel bekannter vorkam.

»Mörtel!«, rief Fritzi verwundert.

»Dieses Tier«, sagte der Professor und zeigte mit einer großspurigen Geste zu Mörtel hinüber, »kann nicht nur Kunststückchen, nein! Es kann auch DENKEN!«

Ein Raunen ging durch das Publikum. Ein denkendes Pony? Sollte es das wirklich geben? Die Forscher reckten neugierig die Hälse und starrten nach vorn. Die ersten Fotografen machten ein paar Fotos.

Professor Tendericks sah zu Mörtel und rief: »Mach eine Pirouette!«

Das Publikum war mucksmäuschenstill.

»Was soll das?« Fritzi ballte die Fäuste.

»Er hat Mörtel geklaut!«, sagte Stella empört.

»Wir müssen ihm helfen!«, rief nun auch Miyuki.

Doch Mörtel wirkte nicht verängstigt, sondern blies nur gelangweilt die Backen auf und ließ dann geräuschvoll die Luft entweichen. Es hörte sich an wie ein mächtiger Rülpser.

Der Professor wurde rot und fuchtelte hektisch in der Luft herum. »Du dummes Ding«, knurrte er Mörtel an. Er sah zum Publikum und lächelte verkrampft: »Nun, das Tier ist jetzt natürlich ein bisschen nervös. Aber Sie werden gleich sehen, dass es sogar rechnen kann. Los, Mörtel, wie viel ist acht mal vier?«

Mörtel starrte mit extra blödem Gesichtsausdruck von der Bühne herunter und streckte dem Publikum die Zunge heraus. Die Fotografen knipsten inzwischen wie verrückt und die Affenforscher begannen zu lachen. »Buh«, rief schon jemand aus dem Hintergrund.

Der Professor wurde noch röter und fuchtelte noch hektischer in der Luft herum. »Ich mache dir Beine, wenn du nicht mitspielst«, drohte er Mörtel.

Mörtel drehte sich zu ihm und streckte auch ihm die Zunge heraus.

»Hahaha, ich glaube, Mörtel kommt allein klar«, sagte Stella amüsiert und lehnte sich zurück.

Fritzi und Miyuki kicherten mit.

»Mörtel, wie viel ist acht mal vier?«, schrie der Professor
mit sehr schriller Stimme.

Mörtel sah ihn gelangweilt an. Im Saal war es so still,
dass man einen Strohhalm auf den Boden hätte fallen
hören können. Auf einmal drehte Mörtel blitzschnell den
Kopf und biss dem Professor mit voller Wucht ins Hinterteil.

»AUUU!«

Das Publikum tobte. Professor Tendericks hielt sich den
Hintern und klagte: »Au, das tut weh! Du Mistvieh! Ich
werde dir zeigen …« Er streckte einen Arm aus und wollte
Mörtel ebenfalls ins Hinterteil kneifen.

»Lassen Sie sofort das Tier los!« Ein Mann mit Gummi-
stiefeln und einer Mistgabel in der Hand stürmte in den
Saal und rannte auf die Bühne zu. Er verströmte einen

üblen Stallgeruch. Ein paar Affenforscher rümpften angewidert die Nase.

»Herr Kuchenbecker!«, rief Fritzi.

»Der da hat heute Nacht Mörtel geklaut! Ich habe nämlich doch einen zappelnden Sack gesehen!«, rief Herr Kuchenbecker und versuchte, auf die Bühne zu klettern, doch mit seinen kurzen Jockey-Beinen rutschte er immer wieder ab.

»Woher wussten Sie, dass wir hier sind?«, rief Stella ihm zu.

»Heute Morgen war Mörtels Stall leer. Da hat Flavio mir alles erzählt! Darüber reden wir noch«, knurrte Herr Kuchenbecker und wandte sich wieder Mörtel zu.

Der holte in diesem Moment Schwung und setzte zu einer Drehung an. Und zum allerersten Mal in seinem Leben als Showpony schaffte Mörtel eine komplette Pirouette. Kurz bevor er wieder auf allen vier Beinen stand, holte er aus und gab Professor Tendericks einen schwungvollen Tritt.

Der Professor stolperte und strauchelte und schoss wie eine Rakete die Treppe hinunter.

Am Rand des Saals blieb Professor Tendericks beschämt stehen und rieb sich den Hintern. Nun tat er Fritzi sogar fast ein bisschen leid. Aber nur ein bisschen.

Das Publikum johlte und klatschte.

Mörtel stellte sich in einer sehr eleganten Ballettpose hin, verbeugte sich mehrfach und nahm gnädig wie eine ägyptische Königin den Beifall entgegen.

Frau van der Stock ging schnell zum Mikrofon. »Meine Damen und Herren«, sagte sie, und es wurde augenblicklich still im Saal, »ich danke meinem Kollegen Archibald Tendericks, Herrn Kuchenbecker und dem Showpony Mörtel für diese wunderbare Showeinlage. Es ist schön, wenn die Wissenschaft nicht immer so ernst ist, zumal es so viel NEID«, bei diesem Wort sah sie streng zu Professor Tendericks, der sie verwundert anblickte, »unter Kollegen gibt. Danke für Ihren großartigen Humor, Archibald!«

Das Publikum klatschte nun auch für den Professor, der gar nicht mehr wusste, wie ihm geschah.

»Da hat deine Mutter ihm aber den Hintern gerettet«, sagte Fritzi kichernd und sah Stella an.

»Im wahrsten Sinn des Wortes«, fügte Miyuki hinzu.

Mittlerweile war auch Herr van der Stock mit dem Käfig in der Hand ans Mikro getreten.

»Und nun wird es wieder etwas ernster: Wir möchten Ihnen ein Tier präsentieren, von dem es vermutlich nur noch ein einziges Exemplar auf der ganzen Welt gibt. Meine Damen und Herren«, er zog das Tuch vom Käfig, »der letzte lebende Weiße Lemur!«

Alle reckten die Hälse und starrten auf den Käfig. Es lag eine angespannte Stille über den Zuschauerköpfen. Die Fotografen machten ein paar Fotos, obwohl man Montag noch gar nicht sehen konnte.

»Mein Mann und ich haben dieses Tier gefunden, aber Professor Tendericks hat mit seinen jahrelangen Forschungen die eigentliche Arbeit gemacht«, sagte nun Frau van der Stock.

Das Publikum klatschte und drehte sich nach dem Professor um, der noch immer an der Seite des Saals stand. Verlegen nahm er den Applaus entgegen.

»Das hat er gar nicht verdient, nach der Nummer mit Mörtel!«, flüsterte Stella.

Miyuki und Fritzi nickten.

»Aber nun«, sagte Herr van der Stock, »wollen wir Ihnen jemanden vorstellen, der uns sehr zum Nachdenken gebracht hat. Bitte schön.«

Hinter dem Vorhang kam Niri hervor. Die Mädchen hätten sie ohne ihren Mantel fast gar nicht erkannt. Frau van der Stock stellte sich neben sie und übersetzte.

»Guten Tag! Ich komme aus Madagaskar und bin Tierschützerin.«

Im Saal hörte man ein leises Aufstöhnen.

»Dieses Tier gehört nicht in eine Forschungsstation,
sondern dahin, wo es herkommt: in den Dschungel. Denn
nur dort kann es so leben, wie ein Affe leben sollte: frei
und ungestört. Daher werde ich den Lemuren nach dem
Kongress wieder nach Madagaskar mitnehmen.«

Niri ging zum Käfig und öffnete die Tür. Augenblicklich sprang Montag heraus und hüpfte auf ihre Schultern.
Nun hatten die Fotografen endlich ein tolles Bild! Sie
rangelten und schubsten, um den besten Platz zum Fotografieren zu bekommen, und knipsten wie verrückt.

»Was ist dann mit unseren Forschungen?«, rief jemand
aus dem Publikum.

»Wir werden ihn in
seinem natürlichen
Lebensraum Ma-
dagaskar weiter
beobachten«,
sagte Frau van
der Stock be-
stimmt, »aber
nur dort!«

Das Publikum wurde unruhig, einige Forscher wollten aufstehen und empört den Raum verlassen.

Da fing auf einmal jemand an der Tür an, sehr laut und heftig zu klatschen. Alle drehten sich um. Rafael Freitag und Niklas standen dort und applaudierten begeistert. Stella und Miyuki grinsten und begannen ebenfalls zu klatschen. Das war so ansteckend, dass bald auch einige Forscher mitmachten. Und nach kurzer Zeit applaudierte der ganze Saal.

Fritzi sah ihren Vater bewundernd an und glühte vor Stolz. Er zwinkerte ihr zu und hob siegessicher den Daumen.

Herr und Frau van der Stock nahmen Niri in die Mitte und strahlten von der Bühne herunter in die klatschende Menge. Mörtel verbeugte sich und tat, als ob auch dieser Applaus für ihn allein bestimmt wäre.

»Uaahuahuahuuuh«, machte Montag da und sprang mit einem riesigen Satz auf Mörtels Rücken.

»Geh sofort da runtör, du Läuseschleudör«, zischte Mörtel und versuchte, ihn abzuschütteln. Aber das konnten ja zum Glück nur zwei Menschen im ganzen Saal verstehen.

… und so ging es weiter

Niri flog mit Montag am Tag nach
dem Kongress nach Madagaskar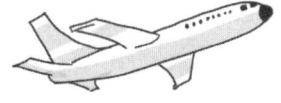
zurück. Rafael Freitag begleitete die beiden und machte
eine Fotoserie davon, wie Montag wieder in den Dschungel zurückgebracht wurde. Die wurde in allen großen
Zeitschriften abgedruckt und Fritzi platzte fast vor Stolz.
Montag war glücklich, wieder zu Hause zu sein, und aß
vor Freude gleich jede Menge unreifer Mangos, von de-
nen er dann fürchterlich Bauchweh bekam.

Fritzi, Stella und Miyuki bekamen zuerst
ein bisschen Ärger, weil herauskam, dass
sie zwei Tage die Schule geschwänzt hatten.
Als aber alle aus der Zeitung die Geschichte von
Montag erfuhren, waren sie für ein paar Tage die
Heldinnen der Schule. Herr Kuchenbecker war weniger
begeistert, als sie für einen Fotografen mit Panagiotis und
Mörtel den lebenden Turm nachstellen wollten. Immerhin
war das nicht ganz ungefährlich.

Nina-Mama, Fritzis Mutter, kam von ihrer Band-Tour-
nee zurück und sagte, sie habe nun erst mal genug vom

Herumreisen. Berühmt werden sei gar nicht so schön, weil man immer nur allein war. Und dass es etwas ganz Tolles sei, eine Familie zu haben. Das fand Fritzi natürlich super. Zumindest zwei Wochen lang. Dann fing Nina-Mama wieder an, ihr übliches Chaos zu verbreiten.

Die van der Stocks wurden wegen Montag gar nicht so berühmt, wie sie gedacht hatten, denn alle stürzten sich auf Professor Tendericks, dem als Affenforscher auf diesem Gebiet viel mehr zugetraut wurde. Das war nicht gerecht, aber so war es nun mal. Professor Tendericks flüchtete jedoch nach England zurück, weil ihm sein Auftritt auf der Versammlung doch peinlich war. Als die van der Stocks Montag in Madagaskar besuchten, entdeckten sie an einem Baum einen noch viel selteneren Riesenohrwurm. Dafür bekamen sie dann die große Insektenforscher-Medaille verliehen.

Mörtel war weiterhin der Star auf dem Holzapfelhof. Das Bild in der Zeitung, das ihn mit herausgestreckter Zunge zeigte, hatte ihn in der ganzen Gegend bekannt gemacht, und die Menschen kamen von weit her, um ihn zu sehen. Dass er trotzdem keine tägliche Wellness-Massage und keine Sonderportion Leckerli bekam, fand er aber eine ziemliche »Ünverschämtheit«!

Und der Neid unter der Stallmädchenbande? Der verschwand, weil alle drei sich bei den Aufführungen mit Mörtel abwechselten.

Miyuki studierte eine wunderschöne Pirouette mit ihm ein, nach der Mörtel nicht mehr so »schrecklisch verspannt« war. Stella machte eine lustige Finde-den-versteckten-Gegenstand-im-Publikum-Nummer. Sie gestand Fritzi, dass sie vorher »stinkneidisch« gewesen war. Und dass sie das zugab, musste man ihr wirklich hoch anrechnen, fand Fritzi.

Schließlich ist Neid so beliebt wie Kopfläuse, Masern und Mathehausaufgaben zusammen …

Astrid Göpfrich wünschte sich als Kind ein Pony und bekam stattdessen fünf Hasen, zwei Meerschweinchen, einen Wellensittich, drei Katzen und eine selbst angelegte Heuschreckenzucht. Heute lebt sie in einer süddeutschen Großstadt und begnügt sich daher mit einem Mann und einem Kater. Sie arbeitete als Kulturmanagerin, Lektorin, Autorin und Regisseurin von Hörspielen und Hörbüchern.

Barbara Korthues wurde 1971 nahe der niederländischen Grenze geboren. An der Fachhochschule Münster studierte sie Illustration und Grafik-Design sowie Malerei an der Kunstakademie Münster.

Während der Studienzeit begann sie als Illustratorin für verschiedene Kinder- und Jugendbuchverlage zu arbeiten und hat seitdem zahlreiche Bücher veröffentlicht.